实践育人的方法
基于高校学生公益服务视角

钟一彪　曲翔◎主编

中山大学出版社
·广州·

版权所有　翻印必究

图书在版编目（CIP）数据

实践育人的方法：基于高校学生公益服务视角/钟一彪，曲翔主编. —广州：中山大学出版社，2021.9
ISBN 978-7-306-07269-6

Ⅰ.①实… Ⅱ.①钟…②曲… Ⅲ.①大学生—社会服务—研究—中国 Ⅳ.①D432.6

中国版本图书馆 CIP 数据核字（2021）第 148351 号

出 版 人：	王天琪
策划编辑：	赵　婷
责任编辑：	赵　婷
封面设计：	曾　斌
责任校对：	赵　冉
责任技编：	何雅涛
出版发行：	中山大学出版社
电　　话：	编辑部 020-84111996，84113349
	发行部 020-84111998，84111981，84111160
地　　址：	广州市新港西路 135 号
邮　　编：	510275　　传　真：020-84036565
网　　址：	http://www.zsup.com.cn　E-mail：zdcbs@mail.sysu.edu.cn
印刷者：	广州市友盛彩印有限公司
规　　格：	880mm×1230mm　1/32　9.75 印张　194 千字
版次印次：	2021 年 9 月第 1 版　2021 年 9 月第 1 次印刷
定　　价：	36.00 元

如发现本书因印装质量影响阅读，请与出版社发行部联系调换

本书得到国家社科基金重点项目"治理现代化背景下社区志愿服务发展模式研究"（项目编号 20ASH003）及广东高校实践育人高端论坛专项经费支持

前　言

习近平总书记指出，新时代贯彻党的教育方针，要坚持马克思主义指导地位，贯彻新时代中国特色社会主义思想，坚持社会主义办学方向，落实立德树人根本任务，坚持教育为人民服务、为中国共产党治国理政服务、为巩固和发展中国特色社会主义制度服务、为改革开放和社会主义现代化建设服务，扎根中国大地办教育，同生产劳动和社会实践相结合。习近平总书记重要讲话精神，为我们办好新时代中国特色社会主义教育指明了方向，也为高校推进实践育人提供了根本遵循。

近年来，中山大学在人才培养方面取得了许多突破性的成绩，"德才兼备、领袖气质、家国情怀"人才培养目标深入人心，"学在中大、追求卓越"已成为师生的一种自觉。其中，在涵养学生家国情怀方面，中山大学不仅多措并举引导学生服务国家战略、扎根西部基层、到祖国最需要的地方建功立业，同时也从小事做起、从身边事做起，鼓励学生积极参加公益志愿服务，并将全覆盖推动学生参与公益志愿服务纳入中山大学学生工作"十四五"规划，通过建立健全学生公益志愿服务体系，引导学生扎实践行学以致用、知行合一。从 2012 年开始，中山大学创造性地开展大学新生公益志愿服务，引导被录取的新生在入学报到前就积极投身社会实践，并让新生家长对子女的志愿服务进行评鉴，形成家校合作的教育模式；同时，倡导获得奖学金和助学金的学生参加社会实践，把积极参与公益志愿服务作为参评奖助学金的必要条件，通过设立勤工助学公益岗、大学生校园公益项目、社会公益实践项目等形式，引导广大学子在专业学习之余发挥自身特长，践行"奉献、友爱、互助、进步"的志愿精神，服务社会发展建设。

在开展大学生公益志愿服务实践探索的基础上，我们组织力量结合学生教育、管理和服务工作编写了《实践育人的方法——基于高校学生公益服务视角》一书，目的是进一步推动高校实践育人的制度化、常态化和科学化，以更好地培养担当民族复兴大任的时代新人。

目　录

上编　体系建构

第一章　高校学生公益实践的机制建设 …………………（2）
　　第一节　教育启蒙机制 ……………………………（3）
　　第二节　资源整合机制 ……………………………（7）
　　第三节　项目运作机制 ……………………………（11）
　　第四节　风险防范机制 ……………………………（14）
　　第五节　监督评价机制 ……………………………（20）

第二章　倡导新生入学前开展公益实践 …………………（23）
　　第一节　大学新生入学前公益参与的意义 …………（23）
　　第二节　大学新生入学前公益参与的操作 …………（25）
　　第三节　大学新生入学前公益参与的效果 …………（32）

第三章　在奖学工作中融入公益实践 ……………………（36）
　　第一节　公益服务融入奖学工作的意义 ……………（36）

第二节　公益服务融入奖学工作的方法 …………（39）
　　第三节　公益服务融入奖学工作的条件 …………（42）

第四章　在助学工作中嵌入公益实践 …………（46）
　　第一节　公益服务嵌入助学工作的意义 …………（46）
　　第二节　公益服务嵌入助学工作的方法 …………（52）
　　第三节　公益服务嵌入助学工作的条件 …………（57）

第五章　设置学生助理公益实践岗 …………（61）
　　第一节　学生助理公益岗的界定 …………（61）
　　第二节　学生助理公益岗的设置 …………（65）
　　第三节　学生助理公益岗的运行 …………（68）

第六章　大学生公益服务项目设计 …………（71）
　　第一节　大学生公益服务项目的特点 …………（71）
　　第二节　大学生公益服务项目的设计 …………（75）
　　第三节　大学生公益服务项目的启动 …………（90）

第七章　建构学生公益服务家校共同体 …………（107）
　　第一节　公益服务家校共同体的基本要义 ………（107）
　　第二节　公益服务家校共同体的目标取向 ………（112）
　　第三节　公益服务家校共同体的建设路径 ………（116）

下编 分类实施

第八章 儿童青少年公益服务 ……………………（122）
   第一节 儿童青少年公益服务的内容 …………（122）
   第二节 儿童青少年公益服务的方法 …………（126）
   第三节 儿童青少年公益服务的实施 …………（132）
   第四节 儿童青少年公益服务的案例 …………（138）

第九章 老年服务类公益活动 ……………………（162）
   第一节 老年服务类公益活动的界定 …………（162）
   第二节 老年服务类公益活动的实施 …………（166）
   第三节 老年服务类公益活动的案例 …………（175）

第十章 医疗卫生公益活动 ………………………（195）
   第一节 医疗卫生公益活动及其准则 …………（195）
   第二节 医疗卫生公益活动的策划 ……………（201）
   第三节 医疗卫生公益活动的进程 ……………（207）
   第四节 医疗卫生公益活动的案例 ……………（215）

第十一章 文化教育类公益活动 …………………（231）
   第一节 文化教育类公益活动的界定 …………（232）

第二节　文化教育类公益活动的实施 …………（239）
第三节　文化教育类公益活动的案例 …………（243）

第十二章　环境保护公益活动 ……………………（266）
第一节　环境保护公益活动的类型 ………………（266）
第二节　环境保护公益活动的组织 ………………（272）
第三节　环境保护公益活动的评估 ………………（276）
第四节　环境保护公益活动的案例 ………………（279）

后　　记 ………………………………………………（301）

上编 体系建构

第一章 高校学生公益实践的机制建设

机制，作为名词，在《现代汉语词典（第7版）》中有四种解释：①机器的构造和工作原理；②机体的构造、功能和相互关系；③指某些自然现象的物理、化学规律，也叫机理；④泛指一个工作系统的组织或部分之间相互作用的过程和方式。机制的英文为 mechanism，指方法、途径、程序。总括起来，机制就是事物的内在结构和相互关系及其运行所产生的功能。简单说，机制就是事物的内在因果关系。[①] 大学生公益实践机制是促成大学生公益活动有效运行的内在结构和相互关系及其产生的功能，是公益活动开展的内在组织过程及其变化规律。大学生公益实践的机制建设，应着力于教育启蒙机制、资源整合机制、项目运作机制、风险防范机制和监督评价机制等方面。应从研究教育启蒙机制上，找到对大学生实施公益启蒙

[①] 参见李以渝《机制论：事物机制的系统科学分析》，载《系统科学学报》2007年第4期，第23页。

的理想时机；从研究资源整合机制上，找到大学生公益活动资源获取的途径；从研究项目运作机制上，找到大学生公益活动有效实施的方法；从研究风险防范机制上，找到大学生公益活动有序推进的措施；从研究监督评价机制上，找到大学生公益活动成效评估的科学方法。通过对以上机制的研究，使大学生公益活动能有序开展和规范运转，使大学生公益活动在培养人才方面发挥作用。

第一节 教育启蒙机制

多年来，我国的公益教育得到了政府和社会各界的较多关注，取得了一定的发展，但总体效果并不明显。中国国民慈善意识的调查结果显示：我国公民尚缺乏强烈的慈善意识，尚未形成崇尚社会公益的浓厚氛围，没有实现经济社会与社会公益的同步发展。[①] 而公益精神是公益教育中最核心、最根本的内容，也是公益事业得以健康发展的精神动力。[②] 高校和社会相互融合、相互促进、良性互动成为一种必然，大学生作为高素质公民群体更应成为这种融合、互动的主力军，进而促进社会

[①] 参见许琳、张晖《关于我国公民慈善意识的调查》，载《南京社会科学》2004年第5期，第93～94页。

[②] 参见卓高生《我国社会公益精神面临的困境及其培育对策》，载《山东社会科学》2011年第3期，第168页。

公益事业发展。因此,加强大学生的公益教育启蒙,对增强大学生的公益观念、培育大学生的现代公益精神显得十分重要。

一、公益教育启蒙的必要性

启蒙指普及新知识,使初学者得到基本的、入门的知识,也就是通过宣传教育使社会接受新事物而得到进步。大学生公益教育启蒙是社会发展的需要、教育发展的需要,同时也是道德纠偏的需要,最终在其本质上是促成大学生全面发展的需要。

(一) 社会发展的需要

大学生对公益实践活动缺少根本认知,没有经验和准备,常常过于理想化,以至于在从事公益活动时,才发觉要从事的公益活动和自己想象的有太大的差距,很容易产生挫败感。因此,有必要让大学生在参与公益活动前就了解公益,在先期就做好心理准备。

(二) 教育发展的需要

随着中国教育改革的发展,公益观念和公益精神得到极大的彰显。但就整体而言,我国在公益领域的研究和实践与新时代的要求还有相当差距,在大学生中开展公益教育启蒙,是中国教育改革发展的需求,是完善和强化公益精神的重要工作。

（三）道德纠偏的需要

目前仍有不少青年学子还躲在象牙塔中孤芳自赏、脱离现实，对公益和公益活动不解、指责，更有甚者，将批评上升到"公益迫使大学精神沦丧""公益搅了象牙塔的清静"的地步。其实这种现象是公益观缺失、道德观偏离的表现。正是这种对公益的误解或误读，凸显了我国现代公益教育启蒙的紧迫性和必要性。

二、建构公益教育启蒙机制

由于应试教育体系的惯性，许多大学生对公益的概念较为模糊。对于大学生的公益教育启蒙，最好是在高考招录完成后即启动。在这方面，中山大学做了很好的尝试。从2012年开始，被中山大学录取的学生在拿到录取通知书时都会被告知，开学报到阶段，新生都要交上一份特殊的"暑假作业"——"公益囊"。"囊"中装的不是"妙计"，而是他们利用暑假参与公益服务的所为、所见、所闻、所感。这是中山大学为鼓励学生参与公益服务的一项创举，也是对方兴未艾的校园公益风潮的积极呼应。"公益囊"包括两个部分：一是一份公益服务表格，记录新生在入学前的暑假所从事的公益服务经历，以及来自家长、社会组织、服务对象的评价和鼓励；二是一篇1000字左右的公益服务纪实文章，记录新生通过身体力行所获得的真情实感,开学后,学校还将从这些文章中择优进行展示。①"公益囊"将学校、社会、家长和学生有机地联系在一起,形成了一个从学校出发,到社会,经过家长,再经由学生回到学校的环线。在完成"公益囊"的过程中,中山大学为学生实施社会公益实践指明了阵地和领域;社会为学生提供实践和体验;家长在鉴赏和评价中与学生一起体悟公益;学生则通过"公益囊"既丰富了暑期生活,又填补了从高中到大学这个暑期的教育空白,为成为一名"准大学生",认真地上了一堂公益启蒙课,从而有一段相对集中的时间去思考公益、探索公益并践行公益。据统计,2012级中山大学7865名新生中,"公益囊"的提交率为94.47%;人均公益时长为19.5小时,全校2012级新生共完成公益时数约153210小时。当然,作为教育管理者来说,活动不能仅仅只是停留于回收"公益囊",更重要的是以此作为"思想教育"阵地,让公益得到学生的理解和认同。通过积极搭建公益实践平台,如公益制度、公益岗、公益活动等,推动校园公益的制度化、品牌化;通过对未完成"公益囊"学生的引导,如整理汇编"公益囊"、撰写学校公益现状调查报告等,推动他们关注公益、思考公益,最终让公益成为学生的自觉行动。

---

① 参见赵新星、彭文蕊《公益将成大学生主流价值选择》,载《南方日报》2012年9月4日。

第二节 资源整合机制

资源是公益性组织活动的关键因素。但作为集体物品的提供者,志愿制度的一个主要缺陷是"慈善不足":它无法产生充足的、可靠的资源来处理发达工业社会中的人类服务问题。[1] 公益资源整合是项目活动的前提。公益资源整合是指将与公益相关的社会资源相互协调成一个整体,使之成为公益组织掌握、支配和动员资源的过程和状态。关于公益资源整合的问题,也越来越受到大家的关注。[2] 大学生公益实践项目需要物质资源、政策资源、信息资源、人力资源以及其他方面的资源的支持。

一、物质资源

如何为公益实践项目运行争取到匹配的外部资源呢?首先需要分析这些资源最大可能来自何处,是个人募集、企业捐助、基金会拨款、政府购买,还是其他民间组织的支援。那么,除了发掘机构自身的潜力之外,根据项目所需资源的多

---

[1] 参见[美]莱斯特·M.萨拉蒙《公共服务中的伙伴——现代福利国家中政府与非营利组织的关系》,田凯译,商务印书馆2008年版,第47页。
[2] 参见丰武海《浅谈公益资源整合》,载《全国商情(经济理论研究)》2012年第11期,第42~44页。

少、项目的性质和规模,公益团队应主动寻找、联系潜在的资源提供者。鉴于现状,物质资源主要以资金的形式体现,大学生公益实践项目可以从以下几个方面来争取:一是争取政府拨款,政府资金注入是比较通行的项目筹款方式。具体操作上,这种方式要求机构在苦练内功、提高服务质量之外,也应注意自身形象的塑造,以建立更多的社会公信力来获得政府的青睐。政府是我国志愿服务组织的主要资金来源,政府可以通过财政专项拨款和补贴、成立专项基金、提供项目经费、作为第三方为服务付费等方式资助大学生志愿服务。二是通过与合法且正规的社会公益组织、慈善社团、公益基金会等合作来获取资源。三是借助企事业单位、个人等的支持,进行资源筹集。

无论采用哪种方式,首先都要对服务对象的需求进行评估,同时也要评估资源提供者的需求。资源提供者,无论是政府、企事业单位、非营利组织还是个人,都有自己独特的价值取向。他们会依据自己的视角和喜好去设计、选择他们认为重要的服务内容。实际上,大量资金投入某一公益项目,不应该仅仅被视为用来解决当前特定困难群体的迫切需求。因为,虽然公益服务的产出难以衡量,诸如服务对象的心理宽慰、能力提升、社区和谐、社会融合等指标确实难以量化;但是,作为公益项目的"投资方"——政府或基金会等资本拥有者,总是会"出自本性"地希望投出去的资金能获得高效产出。他们可能更倾向于希望看到项目的受益人能更多一些,时效更长一些，或者服务模式具有可复制性、可推广性。因此，在实际的社会服务过程中应注重对服务对象自身资源的开发使用，提倡自决、挖掘和提升其能力，并且重视经验的积累、整理和实践模式的推广。①

二、政策资源

政策资源是一种能给支配者或者运用者带来财富效应的资源，它的价值体现在能提供资源开发和利用的社会效应、社会保障并能为实施结果带来增值效应。这里的增值是多方面的，包括有形的资源，如政府财政资金的支持、社会公共资源的使用、各类费用的优惠等；也包括潜在的、无形的资源，如在社会上得到的评价、支持和响应等。大学生公益活动要在正确的政策资源观引导下，积极整合国家和社会的政策资源，发挥其激励与约束的双重作用和优势，充分利用政策规则，努力使公益实践项目与政策资源形成互动互补，提升项目资源的软实力，提高项目实施的整体水平。

三、信息资源

信息资源是指在国民经济和社会发展中，人们在各个领

---

① 参见赵环《社工机构公益项目运作之我见》，载《社会工作》2009年第23期，第16～17页。

域、各个层次产生和使用的信息的总和。它既包括各类经济社会活动的信息，也包括与各类经济社会活动相关的信息。信息资源超越了传统沿用的文献、情报、知识、数据等概念。从信息内容的表达方式看，信息资源具有文字、数值、声音、图像、视频等多种存在形式。① 信息资源的战略性地位在当今社会得到前所未有的体现，特别是网络信息资源，具有便捷、免费且容易被一般公众无障碍获取、使用的特点。掌握和善用网络信息资源，有助于大学生公益活动快速方便地通过丰富多彩的形式传递信息，在最短时间内最大范围地营造全社会支持公益服务的氛围。

四、人力资源

大学生公益活动始终是基于人、为了人的。因而，人力资源是大学生公益活动最为宝贵的资源。大学阶段是青年人格形成、自我意识蓬勃发展、社会交往领域迅速扩大的重要时期。父母、高校、各社会组织的工作者和生活于社区的其他成年人都很重要，他们在大学生开展公益活动期间，对大学生实施的教育、培训、管理、文化等行为，其实正是对大学生的素质和能力进行塑造、改造与发展的过程。在公益活动中，多样化的

---

① 参见吴刚华、李广建《公益性信息资源及其开发利用策略研究》，载《情报杂志》2007年第1期，第136～138页。

人群提供的全方位支持，对大学生的智力、知识、技能、心理素质、品德涵养、创新创业能力、政治觉悟等方面的培养和发展均有积极的意义。

第三节 项目运作机制

大学生公益活动往往通过运作各类项目获得生存和发展的机会，但同时，普遍面临着项目时间短、资金少、人力资源弱而任务重的状况。项目化运作，指通过有效运用项目化管理的知识和方法对项目进行组织和管理，对资源进行优化整合，并在确保时间、技术、经费和性能指标的条件下，以尽可能高的效率完成预定项目目标。项目化运作是保障大学生公益活动持续进行和高效完成的关键，是培养大学生创新精神和实践能力、增强公益活动实效性的有效途径。大学生公益活动的项目化运作应包括以下四个方面。

一、项目设立

大学生公益活动实际上是大学生在接受高等教育期间参与的公益志愿活动。立足专业、按需设项是大学生公益活动避免形式化、提高实效性的主要方法。只有基于大学生的专业学习，才能发挥出学生的专长，提高学生的积极性和公益活动的实效性。此外，按需设项要求公益项目务必紧密结合公益服务所在地和服务对象的需要设计项目方案。只有这样，大学生在公益活动中才能有事可做，才能为服务对象提供合适的服务，避免走过场。因此，大学生在前期要多下功夫，要多与实践所在地和服务对象进行沟通，发现现实问题，并尝试运用自己的专业知识提出解决方案，再通过实践的过程去检验方案是否可行。① 大学生公益项目应该在整体上体现一定的"科技含量"。同时，不能忽略对项目层次性的判断，也就是要意识到项目团队开展的是短期项目还是长期项目，是复杂性项目还是简单项目，项目的覆盖面大小，等等。通过反复调查研究，对项目进行可行性论证，筛选出立足专业服务社会、投入小产出大的"性价比"高、可行性强的项目。

二、队伍构成

大学生公益活动项目运作队伍可能的成员包括：由专家学者、专业教师和辅导员构成的教师指导队伍，由大学生公益团队核心骨干构成的项目管理队伍，由具备一定的专业知识和热心公益的大学生构成的公益服务队伍。在设立项目时，要求项目立足学生专业，鼓励学生运用所学的知识去解决问题。因此，项目团队要十分重视教师队伍的指导作用，应积极主动邀

---

① 参见徐明达《大学生社会实践活动项目化运作的改进策略》，载《科教导刊》2011 年第 8 期上，第 180～181 页。

请具有技术知识和专业知识及成功管理经验的教师参与社会实践，为团队提供技术支持和理论指导，推动公益项目的实效化、持续化和深入化。

三、项目经费

在开展公益活动时，重点要做好经费的使用和管理工作。要加强对团队成员的自律教育，建立经费使用和财务培训制度；加强项目团队的经费管理建设，完善内部经费管理结构；健全内部规章，建立全过程财务管理机制和经费内、外部监督机制，强化对经费实施的监督，严格把握项目申报、审批、管理、验收等各个环节。可采取制定经费使用细则、经费收支分专人管理并明确其职责、定期公布经费使用情况等措施，不但能将有限经费用在刀刃上，还能有效提高团队自身的经费使用和管理能力，从而保证公益活动健康有序地开展。[①]

四、项目实施

项目实施是大学生公益活动的重要环节。一是要根据项目目标和特点，结合实际，制订项目实施计划和步骤。二是要对参与的团队成员进行必要的培训，明确项目要求和实施规则，

---

① 参见陈正芹、吴涛《试析高校学生社团的经费管理》，载《学会》2006年第4期，第18～22页。

明确岗位职责和要求，细化实践过程。培训应由专业教师或经验丰富的社会人士进行，培训内容包括大学生的团结协作能力、应变能力、专业技能、实践技巧等。三是召开项目启动会议，为项目实施作最后的准备和检查，重点加强团队成员的安全意识和风险防范意识。四是在教师的指导下，根据实施计划和步骤开展实践项目。实施过程中要注意做好活动的记录，包括文字、照片、心得体会，有条件的可以拍摄视频。项目完成后，团队应该形成公益项目实施情况反馈、公益时数统计表、经费使用情况说明、项目结项报告书（详细叙述项目实施情况及其成效）、能反映活动过程或成效的照片以及每位团队成员的公益服务心得等。

第四节　风险防范机制

当前大学生公益活动项目总体来说运作得还不是很规范，应用和覆盖范围仍不广，虽然大部分已经按照项目化要求组织实施，但对这方面的研究仍不足，加上社会不确定因素多，大学生公益活动潜藏着不少风险因素。[①]

[①] 参见王智腾、赵欢《大学生社区志愿服务项目化运作研究》，载《宁波大学学报》2013年第35期，第85～88页。

一、公益活动的潜在风险

(一) 项目负责人的素质短板

项目负责人是项目运行成败的关键,承担着项目计划、资源配置、协调沟通、指挥和控制等职责。项目负责人必须具备管理项目的技术知识和专业知识,同时还要具有预测和控制人的行为的能力,最好要有一定的公益服务经历。随着高校扩招,大学生参与公益实践的数量急剧增多,高校相关学生公益组织或志愿者协会的工作重心放在校级以上大型社会公益活动的组织管理上,学院一级的协会的工作重心则在公益服务品牌打造上。公益项目的设立、志愿者的招募和培训、活动的管理等工作将更多地由班级或社团来承担。班干部、社团干部常常被"推上"项目负责人的位置。但学生干部素质不一,特别是组织协调能力、管理沟通能力等未能达到真正意义上项目负责人所应具备的素质要求。

(二) 高校与社区沟通平台缺失

项目沟通是指为了确保项目信息的合理收集和传递,以及最终处理所需实施的一系列过程。[1] 信息资源或者说通畅信息

---

[1] 参见朱小娟《项目管理理论在大学生暑期挂职锻炼活动中的运用》,载《中国成人教育》2008年第10期,第41～42页。

沟通渠道，是项目顺利对接、推进的基础性条件。当前大学生公益活动的沟通方式是指导教师或学生干部主动到社区上门"推销"。撒网式的推销效率低下，极大地挫伤了大学生参与公益实践的积极性。高校与社区之间缺乏沟通平台，无法将高校拥有的丰富的、专业的大学生志愿者资源与政府部门和社会团体的经费资源、政策资源以及项目资源有效结合起来，这也是阻碍当前我国公益事业发展的主要因素。

（三）大学生危机防范经验缺乏

在经济全球化达到一定程度后，不确定因素和风险危机不再是可被具体化的问题，也不再仅仅是社会的特征，而是社会的本质。风险已渗入当代社会生活的方方面面，风险社会成为全球化时代的重要表征。① 首先，大学生远离高校开展公益活动，仅靠高校自身已经不足以有效防范学生可能遇到的各种风险，更难以及时有效地解决学生在公益活动中遇到的所有风险。大学生在从事公益活动过程中的交通安全等问题，都是需要考虑的安全因素。其次，公益活动的组织实施是一个持续的过程，分为实施前、实施中、实施后，不可避免地都要在社会中进行。同时，绝大部分大学生公益活动团队没有提前做好危机预案，造成很多项目出现实施前因突发事故而难产或者实施

---

① 参见刘岩《风险社会理论新探》，中国社会科学出版社2008年版，第1页。

中因受挫而夭折的现象。最后，当前境内外有些敌对势力妄图以"公益活动""志愿服务""关注弱势群体""关注社会发展"等为幌子，诱骗大学生参加间谍、渗透等违法行为。大学生自身仍处在高校这个相对清静的环境中，对社会上的风险因素认识不足，但参与社会公益的热情却很高，忽视了对某些别有用心的"公益活动"本质的判断。

二、公益活动的风险防范

（一）建立系统培训体系

在无法规避大学生作为项目负责人的现实前提下，建立系统的培训机制，最大限度地提升大学生的综合素质，显得十分重要。建立系统的培训机制可以从宏观和微观两个方面入手。

在宏观上，要建立"校本培训为主体，社会培训为辅助"的公益活动培训机制。针对项目负责人，可以立足高校，由高校学生工作部门或青年志愿者协会整合高校硬件和师资力量，建立项目负责人培训班，对公益项目负责人开展培训。条件成熟后，可以通过开设选修课的方式吸引大学生参与。高校还可以依托社会各类专业培训机构和专业资源，将社会资源引入高校培训体系，召开公益项目负责人的讲座，甚至鼓励有志于公益事业的大学生参加社会相关执业资格考试。

在微观上，高校要制定系统的培训制度，使大学生公益活动的培训制度化、常态化。首先，要明确培训对象，对项目负责人、项目成员、新旧志愿者实行因材施教的培训。其次，要设置系统的培训内容。"系统的培训内容应该包括通识理论内容、专业技能内容、素质提升内容以及必要的管理方法。"[①]对项目负责人的培训要特别注重专业技能、素质提升和管理方法的培训。再次，要积极运用多途径的培训方式，在集中讲授的基础上，探索研讨式、案例分析式的培训方式，同时应该更加注重对实践过程的培训，在项目团队成员和志愿者参与公益实践的过程中边实践、边指导、边学习。最后，还需要建立必要的淘汰规则。在严格、客观的培训反馈基础上，对培训过程中表现出态度不端正、工作能力不符合岗位要求的项目成员和志愿者实行淘汰。

（二）建立信息沟通平台

在大学生项目团队和社会民众之间有一堵无形的"墙"，如何跨越这堵"墙"，实现高校大学生志愿者资源与政府、社会优秀项目对接，需要政府、社会和高校多方联动，搭建虚和实两个平台。

运用网络、新媒体建立虚拟的网络对接平台。虚拟平台的

---

① 侯玉兰、唐忠新：《社区志愿服务理论与实务》，中国社会出版社 2009 年版，第 188 页。

建立需要地方政府发挥主导作用。政府掌握着大量公益服务项目的信息和相关经费,同时拥有得天独厚的信息搜集、传播系统。因此,由政府相关部门负责建立的区域公益服务网站,除设置注册、认证等常规功能之外,还应开发网站互动功能,将网站与微博等新媒体捆绑,实现政府政策、指导性文件、项目信息的及时发布,利用虚拟网络平台实现项目的网上申报或竞标等功能。如此一来,大学生就不用漫无目的地到社区推销自己的服务,可以非常高效地设计项目申报书,在网上进行项目申报。

高校可运用自身优势,建立大学生公益实践指导中心。一方面,公益实践指导中心可以动员大学生和教师自愿登记备案,根据学生和教师的专业背景、自我意愿建立高校的信息库。另一方面,由高校管理层出面,与政府部门、社会团体、社区建立合作关系,通过他们定期(每季或每半年)建立公益服务项目资源库,再由公益实践指导中心建立项目申报制度,动员大学生公益项目团队通过申报或竞标的方式获得项目的运作权利。同时,公益实践指导中心还可以根据社会团体,特别是一些基金会的具体要求,指导大学生公益项目团队申报基金项目。

(三)制定安全风险预案

大学生参与公益活动,高校首先要保证大学生志愿者以及服务对象的安全。因而,加强安全意识和做好预案既与大学生志愿者有关,也与服务对象有关。应从以下三个方面入手:一是要对公益项目的风险性进行评估,做好相应的风险防范预案;二是在公益活动开展前,为参与者购买相应的保险,在必要的情况下还应签署家长知情同意书;三是对公益服务的过程进行督导,避免因大学生志愿者的不当行为造成对服务接受者的伤害。①

第五节　监督评价机制

项目化的实施是为了规范地开展公益活动,进而有效督导公益活动的进程并客观评价大学生公益活动的成效。高校学生公益实践的监督评价机制至少应考虑以下三个方面的因素。

一、服务时数

"公益服务时间"仍然是当前最为主要的一项评价指标,这在大学生公益活动发展的初始阶段是可以理解的。大学生的服务时间主要由被服务对象所在的法人单位开具证明进行反馈,在实际操作过程中,出现了学生讨要公益服务时间和被服

---

① 参见钟一彪《大学生社会公益实践探讨》,载《当代青年研究》2013年第1期,第124页。

务对象单位随意开公益服务时间证明等问题。客观上，公益实践项目与其他活动、工程项目不同，除了"公益服务时间"外，过程监督和结果评估确实很难量化；主观上，长久以来大学生公益活动的组织管理者缺乏对服务过程监督、对服务结果评估的意识，往往是服务活动结束了，工作也就完成了。因此，有必要建立一套更为完整有效的监督评价机制，引导大学生自愿投入到公益活动中，实现个人价值与能力的提升。

二、过程监督

虽然在大学生公益项目的过程监督和结果评估量化方面存在一定的困难，但是这种困难是可以通过规范操作、管理制度、管理人员到位等方法克服的。在过程监督方面的困难可以运用系统工程理论，通过建立"项目化运作台账"制度来克服。台账紧扣大学生公益项目具有目的性、系统性、协调性和周期性等特点，将项目的设计书、项目运作过程中制定的制度、发布的文件和通知、开展的培训会议和协调会议、需要采购的物料和设备、服务时间、服务活动等每个细节都进行详细记录并要求提供相关佐证材料。在项目的中期督查或终期评估中，台账成为主要的控制依据。[①]

[①] 参见王智腾、赵欢《大学生社区志愿服务项目化运作研究》，载《宁波大学学报》2013年第35期，第85~88页。

三、结果评估

在结果评估方面，公益活动过程和结果的特殊性决定了其在评估上既明确又模糊的标准。因此，首先，要采用定量和定性相结合的方法，采取设置硬性指标和量化指标的办法，最终形成评价结果；其次，评价方法上采取以项目小组为单位自评、服务对象测评、高校实践指导机构考评三者相结合的方式进行评价，这样不仅能够为项目的开展提供有效的监督机制，也能较为客观地反映实践的实际效果，为后续的成果推广提供依据；最后，要科学设计和合理运用台账，如实记录实践活动的每个细节，包括各项内容、心得体会、实践效果以及服务对象评价等信息。总结工作初期，可要求项目团队上交初步的成果，由高校相关主管部门邀请专家进行评阅和修改，在此基础上重新整合，以提高成果品质。公益活动结束后，要建立社会公益实践资源库，包括电子和纸质资料库，将优秀的公益活动进行宣传推广，纸质版资料加以存档，以启迪后续的公益活动参与者。这样既能作为公益项目评估的依据，又能体现公益服务的精神内涵，形成长效机制，促进公益服务质量的不断提高。①

---

① 参见辛立章、周国桥、邓雪梅《探索大学生社会实践的有效途径——以项目化运作服务地方经济发展》，载《成人教育》2010年第1期，第21～22页。

第二章　倡导新生入学前开展公益实践

引导大学生参加公益服务，对促进社会进步以及大学生全面发展的意义不言而喻。它是立德树人、创新高校思想政治教育的方式之一，也是培育和践行社会主义核心价值观的重要举措。

第一节　大学新生入学前公益参与的意义

大学新生入学前的公益参与是指高中学生高考后在暑期参与的公益服务活动。这段时间正好是高中到大学的过渡阶段，也是学校教育的空白区。如果高校能在发放录取通知书时，倡导学生在暑假期间基于自身能力参与公益服务，则将有助于学生形成学习与生活的联结，达到很好的公益启蒙教育效果。

一、学习历程的联结功能

中学与大学在人才培养方式以及管理模式上迥异，中学多以成绩为中心，被动学习的特征较为明显；而大学追求学生的全面发展，强调学生自我教育、自我管理和自我服务。许多学生因对大学的人才培养目标与组织管理方式不了解，进入大学后会出现各种不适应，甚至对学校的一些政策不够理解，进而影响自身的发展。就公益服务而言，学生在中学阶段一般较少接触，且并不将其作为一种"在做中学"的服务学习。而在大学阶段，公益服务既是高校立德树人的方式之一，同时也是以利他为特征的一种社会实践。加强大学生公益启蒙教育，实际上是帮助学生树立科学的人才观，让学生明白高校培养什么样的人才、应持何种价值观。

二、公益意识的启蒙功能

因高中教育方式所限，大部分学生在进入大学之前对公益服务的认识较为薄弱。此外，中国国民慈善意识的调查结果显示，我国公民尚缺乏强烈的公益慈善意识，尚未形成社会公益的浓厚氛围，没有实现经济社会与社会公益的同步发展。[1] 建设大学生公益服务的长效机制，首先要做的便是启蒙大学生的公益意识，让学生明白何为公益、为何要参与公益以及如何参与公益等。激发学生的公益意识与兴趣，方能进一步引导学生

---

[1] 参见许琳、张晖《关于我国公民慈善意识的调查》，载《南京社会科学》2004年第5期，第93～94页。

开展具体的公益服务。

三、公益参与的催化功能

从公益服务的具体开展来看,启蒙教育实际上是在为今后公益活动的开展作准备。有效的启蒙教育,不仅是对公益意识以及公益兴趣的启蒙,同时也是以此为起点,为今后公益活动的开展进行志愿者培训,为优秀公益项目孵化等作准备。大学生通过公益启蒙教育,不仅能置身于良好的公益氛围中,激发公益兴趣,同时还能在参与公益的过程中,初步接触公益活动的开展流程,结交志同道合的公益团队伙伴,甚至与一些社会公益组织、服务对象建立长期联系。如中山大学新生"公益囊"活动中,大部分2013级的广东普宁籍学生都参与了以中山大学普宁籍学生为主组织的"兰·芽计划",这不仅让学生们了解了该公益组织,同时也为该公益组织的长远发展提供了新鲜血液,有利于孵化公益服务精品项目。此外,参与该公益活动后,不少学生实际上已初步具备开展公益活动的能力,结识了公益活动方面的朋友,这将成为他们入学后持续开展公益活动的起点。

第二节 大学新生入学前公益参与的操作

启蒙,并非只是给初学者提供入门的知识,而是包括智力的启蒙、情感的启蒙、思维方法的启蒙、健全人格的启蒙等。[①] 就公益而言，可以通过培训、讲座、媒体宣传等方式加强大学生公益启蒙教育，引导大学生参与公益活动，让大学生在实践中学习与感悟，能更有效地达到从思想、情感、行为等各方面提升自己的目的。

一、介入新生

美国心理学家洛钦斯提出了"首因效应"概念，它指当人们第一次与某物或某人接触时会留下深刻印象。个体在社会认知过程中，最先接收到的信息会形成核心知识或记忆图式，后来接收的信息会被整合或者同化到先前知识所形成的图式中，使之具有先前信息的色彩。[②]

大学生正处于智力发展、精力充沛的青年时期，已经具备了一定的思维能力与分辨能力，思维活跃，渴望接受新事物，了解外部世界；但因缺乏社会经历，也表现出一定的盲目性。在新生中开展公益启蒙教育，一方面是利用"首因效应"，让学生在第一时间了解高校的培养目标及其所倡导的主流价值观，将公益意识深深嵌入学生心中，入学后能自然而然地了解

[①] 参见刘睿《启蒙教育与人的全面发展》，载《学前教育研究》2009年第7期，第37页。
[②] 参见李欣阅《论首因效应在辅导员工作中的运用》，载《高校辅导员》2012年第4期，第48页。

学校为促进公益服务所实施的政策以及所开展的活动，迅速融入其中；另一方面，又能切合大学生思维活跃、渴望接受新事物的特点，激发学生去了解公益，并且利用科学的引导来避免其盲目性。

如何将公益启蒙教育介入新生中呢？中山大学在新生中推行的"公益囊"活动是一个很好的案例。新生入学前的暑期是进行新生公益启蒙教育的最佳时机：一是高考结束后，学生有大量的空闲时间，便于开展公益活动；二是学生家乡可为学生提供广阔的公益平台，学生可以直接服务社会、服务家乡。为了向所有新生倡导公益活动，中山大学经过充分调研与综合考量，设计了新生"公益囊"活动，随录取通知书一起发放。"公益囊"包含一份公益服务表格，一份1000字左右的公益纪实文章，它将详细记录新生在参与公益活动过程中的所思、所想、所见、所闻。这种方式不仅能让所有的新生参与其中，同时又便于教师了解新生的公益活动参与情况。与此同时，为了对未入学的新生进行科学的公益引导，除"公益囊"之外，学校还会附上中山大学文明修身、班级凝聚和尊师爱校学生思想教育"三项工程"的介绍以及"校园十大人物"简介，以便让更多的新生理解"公益囊"的意义。中山大学通过推进新生"公益囊"活动，一方面引导新生将公益活动看作学校人才培养的途径之一，另一方面在新生中树立典型，了解活跃在校园里的"公益达人"。这种方式成功地引导了几乎所有新生参与公益活动,让新生在参与中得到了关于"公益"的感性认识。

新生入学后,中山大学进一步通过各种形式开展公益服务教育,以确保学生在参与"公益囊"活动后有所体会的情况下,进一步巩固和提升对公益的认识。例如,各院系通过入学教育、形势与政策课等途径开展公益指导课;利用寒暑假,组织学生撰写"公益调查报告",让学生主动了解当前国内外的公益开展情况;等等。这些都有助于学生更为理性地看待自身的公益行动,提升自己的理论水平,初步达成理论与实践的结合。

二、家校合作

家校合作,是指对学生具有重要影响力的两个组织——家庭和学校,形成合力对学生进行教育,使学校在教育学生时能更多地得到来自家庭方面的支持,而家长在教育子女时也能更多地得到来自学校方面的指导。[①] 著名教育家苏霍姆林斯基曾经指出:最完备的教育是学校与家庭的结合,没有家庭教育的学校教育和没有学校教育的家庭教育,都不可能完成培养人这样一个极其细微的任务。中共中央、国务院印发的《关于进

---

① 参见陆瑾、夏骄雄《高校中家校合作教育的策略研究》,载《中国青年政治学院学报》2008年第5期,第117页。

一步加强和改进大学生思想政治教育的意见》明确指出,学校要探索建立与大学生家庭联系沟通的机制,相互配合,对学生进行思想政治教育。家庭与学校合作,形成教育合力,对大学生的发展有不可忽视的作用。

就公益服务的启蒙教育而言,加强家校合作,一是有利于争取家长的支持与理解,为家长参与学校教育和学生管理提供渠道;二是充分利用家长的资源,为学生参与公益活动搭建平台,弥补学生公益资源的不足;三是以家庭为中心,形成辐射效应,向社会倡导高校的公益服务理念,为学生参与公益活动提供良好的社会氛围。此外,对公益活动的具体开展而言,资源是公益活动的重要因素,包括物质资源、政策资源、信息资源、人力资源等。可以将家庭教育中"家庭"的概念拓展到学生所生活的社区、家乡等。加强家校合作,实际上也是在构建一种资源整合机制,以此联合社区、公益组织以及社会团体,共同为大学生的公益服务学习提供支持。

中山大学通过开展新生"公益囊"活动,在学生入学前倡导学生参与公益。但其中面临的现实问题是,谁来对新生入学前开展的公益活动进行管理与指导?谁来给刚刚毕业的高中生提供参与公益的平台?中山大学在倡导新生"公益囊"活动时,设置了"家长赏析""服务对象赏析"环节,以引导家长、社区以及公益组织、社会团体与学校共同关注学生暑期开展的公益活动。而新生将"公益囊"带到学校后,学校组织辅导员及学生骨干对"公益囊"进行整理归档，对相关数据进行分析并结合各方面的意见对相关内容进行完善与改进，形成家庭—学校—社会的联动。根据中山大学对2012年、2013年新生"公益囊"开展情况的统计，大多数学生家长积极地为学生参与公益活动提供支持与引导，有的还与学生一起参与。学生们的公益活动也得到了来自社区、社会的支持，如深圳义工联、肇庆市回乡志愿者协会、普宁市"兰·芽计划"以及各地福利院、敬老院、学校、医院等机构。据统计，2012年新生"公益囊"活动中，32.6%的学生去敬老院、孤儿院等福利机构做义工，23.4%的学生在社区、村委会做义工，15.5%的学生在图书馆、地铁站、火车站、医院等服务型机构做志愿者，9.9%的学生参加支教活动，6.7%的学生进行环保、安全、卫生方面的宣传，5.5%的学生举行义卖、募捐、义演等活动。这种家校合作的模式，极大地联合了各方力量，加强了大学生公益服务学习的力度，不少公益组织还对学生进行了专业培训，进一步提升了学生参与公益的能力。同时，学生在实践中一方面为当地公益组织增添了新的力量，另一方面也使得中山大学学生与当地公益组织建立起了联系。

三、朋辈激励

朋辈，顾名思义，既是指朋友、同龄人，亦是指年龄与地位相近的结合体。朋辈激励是通过同学或者同龄人之间的积极评价和肯定，从而达到增强个体自信的目的。① 朋辈激励是一种互助式的心理激励，同伴之间经常给予彼此积极的刺激，可以使每一位同伴都能以积极的心态面对眼前的人和事，更好地共享与合作。

在进行公益启蒙教育时，朋辈激励可以取得很好的效果。大学生群体的年龄层次、心理特征、知识结构以及兴趣爱好相似，他们通常用平等的态度参与合作，且同龄人之间不容易产生隔阂，易沟通。因此，不同的观念与价值容易在朋辈之间传递与被接收，彼此之间更容易获得认同。

首先，朋辈激励有利于激发兴趣，鼓励共同参与。在新生"公益囊"活动中，因朋辈之间价值观相近，大学生们会自觉地与自己的高中同学或者同校师兄师姐一起参与。在对新生"公益囊"活动的分析中发现，不少学生选择了与高中同学一起组织、策划、参与公益活动；同时，他们又能够通过师兄师姐的引导迅速地融入活动中。青年学子们创意无限，开展了丰富多彩的公益活动。除传统的公益活动外，他们还独立策划了公益晚会来筹集善款；组织团队调查乡村义务教育现状、当地家庭经济困难大学生状况，为家庭经济困难学生寻找资助平台；参加"多背一公斤"微公益活动；等等。

---

① 参见高紫薇《朋辈激励在大学生志愿服务中的探索和运用》，载《青年探索》2011年第2期，第42页。

其次，朋辈激励有利于树立典型，鼓励创先争优。在新生"公益囊"活动结束之后，中山大学会组织"优秀公益囊"评选，通过举办"公益分享会""高低年级交流会"等，不仅让新生交流自己的"公益囊"活动，同时让活跃在校园中的"公益达人"介绍自己开展公益活动的所思、所得，以此树立典型，让朋辈之间互相交流与学习。此外，在评选奖学金、助学金等过程中，在对学生的综合素质进行考察时，中山大学会对学生参与公益服务的经历进行适当的考量，从各个层面对学生参与公益服务进行激励。

最后，朋辈激励有利于组建核心团队，鼓励互助合作。继新生"公益囊"活动之后，为了让朋辈之间延续公益实践传统，中山大学通过各种赛事，如本科生校园公益实践项目、"亚德客"公益实践项目评选等，促进学生组建核心团队，让志同道合的朋辈相互合作，孵化优秀的公益品牌项目。

第三节　大学新生入学前公益参与的效果

开展新生公益服务学习活动，培养了大学生的公益服务意识，提升了他们开展公益服务的能力，并在社会上广泛传播了公益精神。

一、培养公益意识

大学新生入学前的公益参与,激发新生的公益兴趣、培养新生的公益意识是首要任务。只有让学生经历从"无"到"有"的过程,明白开展公益服务对社会、对个人的重要作用,他们才能真正将公益服务内化为自觉的行动,才能为以后持续参与和关注公益提供长久的精神动力。中山大学通过新生"公益囊"活动以及入学后一系列的教育培训活动,在激发新生的公益兴趣、培养其公益意识等方面取得了良好的成效。据统计,在2012级新生"公益囊"活动成功开展的基础上,2013级新生更加积极,人均公益时长为35.69小时,较2012级增加15.23小时。2012年、2013年的学生社团招新中,校园各公益社团连续两年报名人数都居各大社团之首。

二、提升公益能力

公益能力,包括公益服务活动的组织、策划、宣传与实施能力。通过开展新生的公益服务学习,让学生具备基本的公益能力,不仅是为大学生公益服务的可持续发展提供人力资源与团队保证,同时也有利于学生团结合作、沟通协调、人文情怀等综合素质的提高,促使学生在公益服务活动的过程中看到自身的成长,更加积极地投身于公益实践中。在新生"公益囊"活动中,通过"公益分享会""公益指导课""公益调查报告",使新生获取了初步的公益理论知识,同时,学生通过切身参与各类培训,具备了基本的公益能力,一些优秀的"公益囊"项目甚至可以孵化为校园公益品牌项目。

三、传播公益精神

要促进大学生公益服务的可持续发展,营造浓厚的公益氛围必不可少,其中既包括社会环境,也包括校园环境。新生公益服务学习活动的开展,在社会上传播了奉献、合作、互助的主流价值,让公益成为当代大学生的一种时尚选择,使公益服务活动获得社会支持,让大学生公益服务的开展更为顺利,也有利于公益的全民参与。以新生"公益囊"活动为载体,实际上营造了一个包含学生家长、朋友以及社会公益组织等在内的公益文化辐射圈,营造了一种人心向善的公益氛围。这种方式,将高校的办学理念延伸至学生家门口,同时也体现了高校的责任担当,产生了较大的社会影响。中山大学新生"公益囊"活动因此得到了人民网、腾讯网、新浪网、《南方日报》《南方公益》等多家媒体的报道,并入选首届"全国辅导员工作精品项目"。

大学新生公益服务学习是一个循序渐进的过程。高校应适时介入,引导新生参与公益实践,这既是公益意识的启蒙,也是情感的启蒙、思维的启蒙,更是精神的升华。高校作为教育机构,营造良好的公益氛围,依托家庭、公益组织以及社会团体进行资源整合,同时尽量为学生提供理论引导、平台搭建等方面的支持,必将有利于大学新生在公益意识和公益行动方面的逐步提升。

第三章　在奖学工作中融入公益实践

奖学金是由政府、高校、企业、社会团体或者个人颁发给优秀学生的奖金,以此激励学生向善向上,成为对社会有用的人。一所高校的奖学金制度体现了该校的人才培养目标,如果高校在奖学金评选方面能大力倡导学生积极参与公益服务,将对培养服务社会发展的优秀人才起到推动作用。

第一节　公益服务融入奖学工作的意义

积极推动大学生参与公益服务活动,将进一步增强学生的使命意识,推动学生在实践中砥砺道德品质、提升创新能力,进而培养学生的领袖气质。

一、增强使命意识

作为一种德育方式,公益服务活动的开展,会为大学生了解社会打开一扇窗,使其能够在公益实践中了解社会、认识国情。在公益实践中，大学生与不同年龄、不同层次、不同职业的人打交道，能够获得社会方面的知识，有益于他们进一步加深对社会的了解。同时，大学生也可以通过开展公益服务活动，认清自己的社会位置，明确自身的时代责任，激发学习热情，调整和完善知识结构。此外，开展公益服务活动，有助于大学生深刻感受到老百姓生活的方方面面，有利于树立全心全意为人民服务的思想，这与思想政治教育的目标完全吻合。

二、砥砺道德品质

首先，公益服务活动有助于大学生树立社会主义信念，增强社会责任感，培养为人民服务的思想。越是优秀的大学生，对社会发展越是抱有很高的期望，但他们对于国情、民情的了解可能并不全面，看待社会与人生往往较为理想化，以书本的知识简单衡量复杂的现实生活，因而对改革的长期性、艰巨性、复杂性认识不足，面对改革过程中出现的困难和不良现象，容易产生急躁和不满情绪。参加公益服务活动，能使他们认清历史使命、了解社会的实际需求，增强社会责任感。

其次，公益服务活动有助于培养大学生的集体主义精神。公益服务活动是一种无偿的义务服务。在公益服务活动中，大学生能切身体会到个人能力是有限的，集体的智慧、力量是无穷的，个人离开了集体将一事无成。只有把个人有限的力量汇集到无穷的集体力量中去，才能发挥应有的作用。鼓励大学生参与公益服务活动，对大学生树立热爱集体、关心集体、服从集体的精神是有益的。

最后，公益服务活动有助于大学生培养艰苦奋斗的精神。大学生一直生活在学校环境里，他们对创造物质财富过程中遇到的各种困难缺乏深刻的认知。开展公益服务活动，可以让大学生亲身体会幸福生活的来之不易。例如，到偏远贫穷落后的山村的下乡活动，大学生能目睹那里的农民在恶劣的自然环境中使用简单的工具进行劳作，体悟勤劳、勇敢、任劳任怨、不怕困难、终身奉献的优秀品质，逐步帮助他们树立起艰苦奋斗、吃苦耐劳的良好品性。

三、提升创新能力

大学生在参与公益服务活动的过程中，不仅需要灵活运用自己的专业知识，还可以培养创新创业精神。公益服务实际上也是一个项目孵化的完整生态链，这些项目大致可以分为三类：以知识传递为目的的教育类项目，以推动实践为目的的实践类项目，以孵化成熟业务模式为目的的公益创业孵化类项目。这三类项目在功能上相辅相成，共同形成了一个以推动公益发展为最终目的的"产业生态链"，有利于大学生学会规避风险的方法，并在参与过程中提升创新创业能力。

四、培养领袖气质

具有领导力和领袖气质是对当代大学生提出的要求。具有领导力和领袖气质的人一般具有以下三个方面的特征:首先,应关注身边的每一个人。每个人都渴望被认可、被重视,如果你能注重身边的人,对方一定能感受到,并且会很快加深对你的信任,也容易接受你的想法,双方沟通时需要花费的成本就小多了。其次,能顾全大局。一个人为人处事只从自己的角度出发,只考虑到自己的利益,就得不到团队的认可,更谈不上树立威望了。如果在个人利益与团队利益发生冲突时选择顾全大局,学会设身处地地为他人着想,得到大家的信任会更容易,并且团队的成长速度也会更快。最后,能够提出意见并且善于决策。参加公益服务活动为培养大学生的领导力提供了一个非常好的平台,在这个平台上,大学生有机会关心社会、关心他人、关心弱者,从他人的利益出发,为需要帮助的人提供力所能及的帮助。

第二节 公益服务融入奖学工作的方法

公益服务活动对大学生成长成才意义重大,公益服务融入高校奖学工作的方法也多种多样,应根据高校的实际情况予以规划,刚性要求法、优先指标法、单项奖励法和综合评定法是其中比较常见的模式。

一、刚性要求法

奖学金奖励的是品学兼优的学生，他们不仅仅是成绩好，思想品德也同样重要。因此，在制度设计时，可以将参加公益服务活动作为学生申请奖学金的必要条件，明确规定"有公益实践经历的学生才有资格申请奖学金"，甚至可以在具体参与公益的形式或者在公益时数方面作出详细规定。这种规定在推动学生积极参与公益服务活动方面，往往可以起到立竿见影的效果。但是，这种模式也容易遭到部分学生甚至教师的非议，他们认为这样的制度设计有将公益功利化的嫌疑，违背了公益服务的自愿原则。刚性要求法也对公益时数的认证提出了较高的要求，需要制定专门的公益时数认证的管理办法，成立公益时数认证的部门，有一支公益时数认证的队伍，这在一定程度上也增加了高校的工作负担。

二、优先指标法

公益作为道德评价的重要指标，已经被社会和越来越多的企业认可，捐赠奖学金的单位在设立奖学金时，经常会对参评奖学金的学生在参与公益实践方面提出要求，要求优先考虑积极参与公益实践的学生，或者对在参与公益实践方面取得一定社会影响或是获得表彰的学生予以优先考虑。优先指标法在操作层面会存在一定的问题，如何"优先考虑"，是在同样的综合测评或者同样学习成绩基础上优先考虑，还是积极参与的可以降低对成绩的要求？另外，对"积极参与"如何定义，怎么样才算是"有一定社会影响"？这些都是在制度设计的时候需要进一步考虑和明确的问题。

三、单项奖励法

有不少高校为了鼓励学生积极参与公益服务活动，单独设立一个公益奖学金或者将公益实践突出作为单项奖学金的一种类型。单项奖励法有明确的导向性，操作起来也比较简单，但是这样的奖项比较单一，仅仅是肯定了在公益方面表现突出的学生，似乎缺乏含金量，有可能导致学生不太重视这样的奖励项目。

四、综合评定法

将参与公益服务活动作为奖学金综合测评加分项目是高校目前采用最多的一种模式。参与公益服务活动的时数或者取得的社会影响力、获得的荣誉决定了德育加分的高低，也决定了综合测评的分数，直接影响奖学金的等级。综合测评法在制度设计上也需要结合人才培养目标和专业特色，加分多少影响等级的评定，不同的学科对参与公益和专业成绩有不同的要求，因此，综合测评法适用于具体的院系，不太适宜在全校范围作统一的规定。

第三节 公益服务融入奖学工作的条件

尽管将公益服务融入奖学工作对大学生成长成才和高校的人才培养具有重要作用，但要发挥这些作用还需要一些基础条件，应从做好顶层设计、提供支持保障和加强宣传教育等方面入手，营造有利于大学生参与公益服务活动的良好氛围。

一、做好顶层设计

将公益服务融入奖学工作，在制度上是一种创新，需要国家、社会、高校以及学生的共同努力。任何制度，无论在程序上设计得多么完美，如果得不到国家和民众的支持，都不可能真正发挥推动社会发展的作用。将公益服务融入奖学工作同样需要得到国家的支持。如今，实践育人越来越受到重视。《国家中长期教育改革和发展规划纲要（2010—2020年）》指出，应充分认识高校实践育人工作的重要性，统筹推进实践育人各项工作以及切实加强对实践育人工作的组织领导。因此，进一步加强高校实践育人工作，是全面落实党的教育方针、深入实施素质教育、大力提高高等教育质量的必然要求。教育部等七部门联合颁布的《关于进一步加强高校实践育人工作的若干意见》明确指出，坚持教育与生产劳动和社会实践相结合，是党的教育方针的重要内容；坚持理论学习、创新思维与社会实践相统一，坚持向实践学习、向人民群众学习，是大学生成长成才的必由之路。由此可见，实践环节在育人过程中的重要作用日益受到政府及教育部门的重视，这也是高校深化教育改革和完善人才培养模式，努力开拓并将深入开展的工作领域。公益服务作为大学实践育人工作的重要组成部分，得到进一步重视，内容不断丰富，形式不断拓展，积累了不少宝贵的经验，取得了不错的成效，但与培养创新人才的要求还有一定的差距。因此，国家要加强公益服务的总体规划，支持高校系统开展公益服务活动，积极发挥高校的主观能动性，从制度层面和资源配置方面支持高校落实立德树人的人才培养目标，加强公益实践基地建设，加大高校公益经费投入，加强对公益服务的研究，强化舆论引导。从高校层面而言，在改革和发展规划中，要紧紧围绕学校中心工作和人才培养根本任务，完善公益服务的体制机制，搭建公益平台，打造公益品牌，秉持以学生为本的理念，突出学生参与公益的主体性和积极性，构建学思结合、知行统一的大学生公益服务模式。

二、提供支持保障

制度的良性运转需要很多条件的支撑，是多种因素的共同作用。首先，要加强指导教师的队伍建设。倡导辅导员、专业课教师根据自身优势指导大学生开展公益服务活动，对学生的公益服务活动进行分类指导。同时，聘请有丰富实践经验的专业人士加入大学生公益服务的指导教师行列。其次，要注重公益实践基地建设。长期稳定的合作关系是开展高水平公益服务活动的重要条件，要开发或共建学生公益实践基地，通过与就业实习单位、志愿服务机构和课外赛事活动主办方、街道办事处、社区等多方联动，扩大学生参与公益服务的组织规模和参与层面，加强公益服务的规范性，力争每个院系、每个专业甚至每个班级都有固定的公益实践基地，形成有特色的公益服务活动品牌，形成公益服务的可持续发展。

三、加强宣传教育

大学生对国家的未来有责任感和使命感，有忧患意识，善于对社会存在的问题进行思考和分析，希望实现社会的公平和正义，因此，在这一群人中容易涌现出许多热心公益的典型，他们助人为乐、敢于担当、勇于奉献、服务社会和人民，在公益实践中发挥着重要的作用，是当代大学生的楷模。但是，也有不少大学生对参加公益服务活动还是停留在想的阶段，还未付诸实践。学校的职责是育人，教育不仅是让学生学习好书本上的知识，更重要的是教会学生如何做人，如何做一个对社会、对民族有用的人。将公益和高校的奖学制度结合起来，通过表彰和奖励，树立一批积极参与公益服务的典型，通过榜样的示范作用，影响其他学生，在校园里营造积极参与公益服务的氛围，使公益成为每个追求优秀的学生的一种习惯。与此同时，要注意加强公益服务及奖学金制度的政策宣传，让高校的师生员工充分认识到将公益服务融入奖学工作的重要性。要构建多层面的宣传渠道，搭建多样化的宣传平台，使大学生对公益服务的奖励制度有较为全面的认识，为奖励制度的顺利实施扫除障碍。

第四章　在助学工作中嵌入公益实践

助学育人是高校资助工作的根本任务，经济资助是手段，育人成才是目标。公益服务可以为家庭经济困难学生接触社会、了解社会、服务社会提供很好的平台，高校有必要建立起相应的公益参与机制，促成受助学生精神的丰盈、人际的拓展和发展的积淀。

第一节　公益服务嵌入助学工作的意义

家庭经济困难学生参与公益服务，从表面上看是付出了很多，但实际上，收获最大的是家庭经济困难学生本身。因为在为他人带来帮助的同时，参与公益服务可以为家庭经济困难学生带来精神的丰盈、人际的拓展和发展的积淀。

一、精神的丰盈

目前，高校资助体系日益完善，基本实现了对家庭经济困难学生资助的全覆盖。在经济资助基本解决的前提下，如何丰富助学工作的育人内涵就成为高校助学工作所要面对的问题。将公益服务嵌入高校助学工作，可以有效地丰富助学工作的育人方式和精神内涵，使家庭经济困难学生在受助与助人中形成心理的平衡，有助于拓展他们的人际交往圈，也有利于他们积淀个人发展的正能量。

（一）促进心理健康

现代意义上的健康既指身体方面的健康，也指心理和精神方面的健康，包含了人格的健全和完善。将公益服务嵌入高校助学工作，有利于培养完整的人，完善家庭经济困难学生的全面人格。一般来说，人的心理需要有一种平衡机制以达成心理的健康。一个人如果长期处于受助状态，容易形成自卑和依赖心理，这种心理状态具有很强的破坏性，容易使人精神低迷，甚至产生一定的攻击性。参与公益服务，家庭经济困难学生能够在受助与助人中实现力量的均衡，因受助而形成的"弱者"心理与因助人而形成的"强者"心理得到对冲，进而有利于心理的健康。

（二）完善价值认同

价值认同是指人们在自己的社会实践活动中能够以某种共同的价值观念作为标准规范自己的行动，或以某种共同的理想、信念、尺度、原则为追求目标，并自觉内化为自己的价值取向。① 健康的价值认同，能对人们的学习、工作和生活产生积极的影响，对社会经济发展起到积极的推动作用。公益服务倡导大学生向上、向善，是一种积极健康的价值导向。受助学生在参与公益服务的过程中，通过与团队成员的良性互动，自觉或不自觉地以服务他人作为自己的价值追求，并在提供服务的过程中学习、体悟、收获，进而把公益服务的价值理念转化为个人的自觉行动。

（三）提升人格魅力

人格魅力指一个人在性格、气质、能力和道德品质等方面具有的、能够吸引别人的力量。一方面，参与公益服务能够很好地培养大学生的人文情怀，让大学生关注需要帮助的人，并用实际行动消减或解决社会问题，为他人带来幸福和快乐。参与公益服务的大学生，常常会受到使命的感召，大多充满理想，能够在提供公益服务的过程中提升自己的能力，感受到被他人或社会所需要，获得自我实现的机会。另一方面，受助学生参与公益服务，能调动起他们的创意，使之充满活力。也就是说，参与公益服务，将使受助学生不会因为自己暂时的家庭

---

① 参见贺善侃《经济全球化背景下的价值认同与冲突》，载《毛泽东邓小平理论研究》2003年第5期，第102页。

经济困难而萎靡，并在服务他人中有效提振精气神。

二、人际的拓展

推动家庭经济困难学生在受助的同时参与公益服务，有利于拓展受助学生人际交往的范围，形成有效的情感支持伙伴圈、知识交互学习圈及干事创业社会圈。

（一）情感支持伙伴圈

人是情感丰富的社会动物，在悲伤时需要找人分担，在快乐时需要与人分享。参与公益服务的志愿者，往往具有较为相似的价值观，容易形成彼此信任的亲密伙伴关系。同时，志愿者们由于在公益服务中较少牵涉个人利益，彼此之间的交流和互动更加诚恳，不会有太多的顾忌。价值的共性加上利益的无涉，使得志愿者之间的情感关系更为纯洁，相互的支持将变得更加轻松愉悦，更能使人得到情感的满足。

（二）知识交互学习圈

不同专业、年龄和特长的大学生在一起参与公益服务，必然涉及多层面的互动。在此过程中，大学生志愿者的个性特征、专业知识、能力水平等都将有意或无意地呈现出来。这就为公益服务的参与者提供了一个高层次的交互学习机会，使得不同的专业知识能够在同一平台上展示出来，不断地进行专业方面的深度合作，共同服务于公益事业。实际上，这比课堂上的通识教育更进了一步，是通识教育的实践版，有利于专业之间的协同创新。

（三）干事创业社会圈

家庭经济困难学生如果能在大学阶段积累一定的人际关系，对他们未来更好地干事创业将有推动作用。普遍而言，家庭经济困难学生的家庭社交圈较为单一，缺乏强有力的发展支持体系。家庭经济困难学生参与公益服务的过程中，既有与朋辈的交往，也有与师长的交往，还有与公益专业人士的交往以及与其他相关人员的交往。这种交往不仅锻炼了家庭经济困难学生的交际能力，而且为其结交更多朋友打开了方便之门。由于志愿者们因公益聚集在一起，大家在交往中更容易趣味相投，更有理想和情怀，相互支持也将更加深入和持久。

三、发展的积淀

推动家庭经济困难学生在学好功课的同时参与公益服务，从根本上说是为了促成其发展成长。当前，越来越多的用人单位在招聘时都会对应聘者提出公益志愿服务或社会实践方面的要求。在大学期间参与公益服务，既是经济社会发展对受资助的家庭经济困难学生所提出的必然要求，也有利于他们深化社会认知、丰富个人履历、积累工作经验。

（一）深化社会认知

大学生对社会的认知有一个逐步深化的过程，需要"读万卷书、行万里路"。读书、上网等方式，可以使大学生学到很多关于社会方面的知识，但这些知识还只是抽象的，需要通过"行"的方式进行检验，以升华自己的体悟。受资助的家庭经济困难学生参与公益服务，特别是亲自设计公益服务项目、组建工作团队并在实际中推行服务计划，能够调动起自己的各方面知识，围绕着一个或几个社会问题去寻求解决办法，这是一个非常好的深化社会认知的过程。在深化社会认知的过程中，也加深了受助学生对自身知识、能力和水平的认识。

（二）丰富个人履历

履历是个人经历的一个简要说明，在求职就业中主要起推介自己的作用。大学生的个人履历相对简单，如果大学期间能在搞好学习的同时参与一些提升自己能力的活动，则可以为丰富个人履历提供素材。受资助的家庭经济困难学生参与公益服务，正是丰富个人履历的好机会。用人单位可以从应聘者的个人履历中筛查核心信息，初步判断出应聘者的基本素质与能力。持续参与公益服务的应聘者会被视为具有爱心、富有理想的人。因此，参与公益服务可以成为家庭经济困难学生未来走向职场的一张名片。

(三) 积累工作经验

大学生选择参与公益服务的方式时，既可以参与已有的项目，也可以自己组建项目团队为有需要的人群提供服务。无论是哪一种参与方式，都将有利于参与者积累工作经验。公益服务本质上是用提供服务的方式调节人与人之间的利益关系，其核心是服务，关键是利益关系的调节。家庭经济困难学生通过公益服务，学会用自己学到的专业知识有创意地去调节人与人之间的利益关系，不仅服务了有需要的人群，还提升了自己的工作能力，可以达到共赢的效果。

第二节 公益服务嵌入助学工作的方法

在看到高校推动家庭经济困难学生参与公益服务具有育人功能的同时，更应该探讨的是用何种方式来推动家庭经济困难学生参与公益服务。总体的原则是，公益服务嵌入助学工作要结合高校的日常教育管理服务工作，结合家庭经济困难学生的专业学习，结合学生成长发展的需求。

一、结合助学金申请的公益服务申报法

家庭经济困难学生在申请助学金时申报自己参与公益服务的情况，是推动家庭经济困难学生参与公益服务的一种有效方

法。当然,这种方法是结果导向的,意即家庭经济困难学生需要在助学金评定之前先参与公益服务。申报制是一种提醒,目的是倡导家庭经济困难学生参与公益服务。具体的操作分为学生申报、学校公示和个别追踪三个步骤。

(一)学生申报

学校助学管理部门在发布助学金评选通知时,应在助学金申请表上设置公益服务填写栏目。家庭经济困难学生在申请学校各类助学金时,根据实际情况填写申报自己参与的公益服务情况。由学生自己申报公益参与情况,是对学生的信任。实际上,这也是在管理服务中进行诚信教育的一种方式。学生申报的内容包括公益服务的总时数、所参与公益项目的简单情况、活动的见证人等,总的原则是填写要便捷、信息可复核。

(二)学校公示

让学生自己申报参与公益服务的情况并不等于学校不采取措施进行监督。但如果学生数量较多,一对一的监督和检查是无法实施的,这时可以采取网上公示的方式对家庭经济困难学生的公益参与情况进行监督,也就是通过公开透明的方式让学生感受到监督的力量。学校公示还可以分为三个层级,包括班级公示、院系公示和全校层面公示。范围由小而大,既是对学生申报情况的监督,又是对公益参与的表扬,还可以成为对没有参与公益服务的学生的鞭策，可以起到一箭三雕的效果。

（三）个别追踪

为了推动全体受助学生都参与到公益服务中，还需要建立受助学生公益服务参与的追踪机制。有一部分受助学生由于种种原因，没有参加公益服务，应该采取措施对这部分学生进行跟踪。可行的办法是，定期组织院系辅导员对受助学生的公益参与情况进行统计分析，查明受助学生没有参与公益服务的原因，采取有针对性的措施促成其参与公益服务。

二、结合公益团队建设的项目推进法

把公益服务嵌入助学工作，仅有高校及教师方面的努力是不够的，关键是要发挥学生的主体作用。可以根据受助学生的情况分类组建公益团队，围绕公益团队打造不同特色的公益服务项目，从而形成受助学生自我管理、自我教育、自我发展的良好局面。

（一）组建公益团队

首先可以按照助学类型的不同分类组建公益团队，然后再以活动为载体，使得不同类型的公益团队形成公益服务联盟，彼此取长补短、相互学习。组建公益团队的关键是要选拔好团队负责人，最好通过公开报名的方式进行招募。在选拔好团队负责人后,组建团队的骨干成员,然后把获得同类助学金的学生吸纳到公益团队中来。公益团队成员的吸纳,要遵循"从愿意接受的人群开始介入"的原则,把乐于参与公益服务作为加入公益团队的首要考虑因素,进而带动其他受助学生的参与。

(二)设计公益项目

在组建好公益团队后,可以通过发动团队成员设计公益项目来调动团队成员的参与积极性。在公益项目设计中,应鼓励团队成员把所学到的专业知识应用到公益服务中。公益项目设计的关键是要发挥大学生的创意,不在乎项目有多大,而在于项目的创造性和可行性有多少。在设计公益项目的过程中,可以请有经验的公益人士或教师对团队成员进行培训和指导,以提升团队成员服务的专业化水平,避免走弯路。公益项目设计完毕,还可以举办公益项目交流分享会,并评选出优秀公益项目。

(三)开展公益服务

在遴选出优秀公益项目的基础上,应发挥团队成员的集体智慧对项目进行充实、完善,进一步评估项目实施的必要性和可行性,进而筹备所需的资源进行项目实施。实施公益项目也就是公益团队开展公益服务的过程,其中,团队精神的培养和专业方法的应用是大学生开展公益服务的核心要素。当然,团队成员的安全是第一位的，应通过制定风险预案、购买保险、进行风险教育等方式防患于未然，以便公益团队安全有序地提供有效服务。

三、结合助学育人的公益服务体验法

对大学生而言，公益服务除了做和行之外，还有一个学习和分享的问题。把公益服务嵌入助学工作，一个较为便利的做法是结合助学育人工作开展公益服务的学习研讨及体验分享。

（一）公益服务工作坊

公益服务工作坊是以在公益服务某一领域富有经验的主讲人为核心，10～20名成员在主讲人的指导下，通过活动、讨论、讲演等多种方式，共同探讨某个公益话题。举办工作坊进行公益服务方面的学习，活动形式多样，便于学生参与。公益服务工作坊的成员通常包含参与者、专业者和促成者三种角色，合理调配好这三种角色之间的关系是提升公益服务工作坊成效的关键。

（二）公益服务分享会

公益服务分享会是以会议的方式进行公益服务知识和公益服务体验方面的分享。选择好分享的主题以及在会议上进行分享的人，是公益服务分享会最为重要的一环。其中，公益服务

分享会的主题应该注意从受众的角度来确定,注意听众的所思所想所需,而不能漫无目的、信马由缰。选择公益服务分享会的讲演者至少要从两方面进行考虑:一是其思想性,要考察讲演者在公益服务方面的理论造诣或者对公益服务的认识是否深刻;二是实践性,要考察讲演者的实践经历和实务能力。

(三) 公益服务研讨会

公益服务研讨会是问题取向的,着重讨论公益服务面临的问题,这些问题既可以是重大的理论问题,也可以是实践中遇到的操作性问题。公益服务研讨会最好既有理论方面的研究专家参与,也有实务方面的专家参与,使得理论与实践能够形成"碰撞"并产生"火花"。研讨会不能搞成"一言堂",只有一种声音的研讨会不会是一次成功的研讨会。受助学生通过参与高质量的公益服务研讨会,可以在较短时间内提升对公益前沿问题的认识,并获得与公益领域的相关专家建立起联系的机会。

第三节 公益服务嵌入助学工作的条件

促成受资助的家庭经济困难学生参与公益服务是一件大好事,但需要创造一些基础条件,可通过创新思路、资金资助和平台建设等措施,打造与家庭经济困难学生能力相匹配的公益参与体系。

一、创新思路

有观点认为，家庭经济困难学生本身已存在经济方面的问题，应该花更多的时间去解决自己的问题。从客观上讲，家庭经济困难学生确实应该花大力气、努力通过"自助"的方式解决自身问题。但这并不意味着家庭经济困难学生不需要或不能去参与公益服务，而是要通过公益服务的思路创新来让他们参与公益服务。要改变家庭经济困难学生是"弱者"、不需要参与公益服务的思维惯性，要设计出方便他们参与公益服务的公益项目，并使得参与公益服务的家庭经济困难学生从中受益，实现公益的"共益"价值，产生共赢的效果。也就是说，促成家庭经济困难学生参与公益服务，首要的是从他们的实际出发，从发挥其主体性入手，至少不应该让参与公益服务成为家庭经济困难学生的负累。要做到这些，就必须用创新的思维来开展公益服务，从而方便家庭经济困难学生参与其中。

二、资金资助

尽管公益服务并不总是需要资金，但如果能够有资金的支持，对家庭经济困难学生参与公益服务而言将是非常有利的。首先，可以对家庭经济困难学生在公益参与中的交通费、餐费、服装费等进行一些补贴。这些费用对于公益参与来说通常是必不可少的，如果能够用赞助等方式解决这些基本的费用，对家庭经济困难学生参与公益服务无疑是一种鼓励。其次，应该给参与公益服务的家庭经济困难学生予以保险费方面的补贴。参与公益服务可能面临一定的风险，需要通过购置保险等方式进行风险转移，从而保障公益服务参与者的权益。最后，公益服务常常需要一些物资方面的准备，这也需要有一定的经费支持，如果由家庭经济困难学生自己来支付，将增加他们的负担，从而影响他们参与公益服务的热情。当然，以上这些经费并不能总是依靠外界主动提供，参与公益服务的家庭经济困难学生应该积极募集经费。实际上，募集资金是公益服务的重要工作之一，也是锻炼家庭经济困难学生能力的有效途径之一。

三、平台建设

推动家庭经济困难学生参与公益服务需要有参与的平台，这些平台可以是学生自建的，也可以是高校搭建的，还可以对接社会上的公益平台。学生自建的公益平台可以发挥学生的公益创意，并结合自身实际进行公益实践。高校在可能的情况下，应努力为学生自建公益平台提供条件。高校搭建的公益平台是当前家庭经济困难学生参与公益服务的重要渠道，因为有高校在各方面所准备的条件和资源，可以避免在公益服务过程中遇到的各种困难和麻烦，有利于学生全身心地投入到志愿服务之中。社会公益平台也可以为家庭经济困难学生参与公益服务提供机会。但社会上现有的公益平台通常不是出于培养大学生的目的而搭建的，而是通过吸纳大学生参与公益服务，来解决服务中人力资源不足或其他方面的问题，有时候并不利于家庭经济困难学生的有效参与。因此，从整体而言，还是要从激发家庭经济困难学生的主体性和发挥高校主导性的角度，大力推进家庭经济困难学生参与公益服务的平台建设。

总之，推动家庭经济困难学生在学好功课的同时参与公益服务，从根本上说是为了家庭经济困难学生的发展成长。应该看到，当前越来越多的用人单位在招聘毕业生时，都会对应聘者提出公益志愿服务或社会实践方面的要求。因此，在大学期间参与公益服务是经济社会发展对受资助的家庭经济困难学生提出的必然要求，也是促成其全面发展的必然要求，助学工作者有必要站在战略高度来认识公益服务在高校助学育人中的功能定位。

第五章　设置学生助理公益实践岗

高校是学术共同体,也是师生的生活共同体和情感共同体。在日常教育、管理和服务中,如果能够吸纳大学生通过公益服务的形式自愿参与到高校的教育、管理和服务工作中,不仅有利于增强大学生的主人翁责任感,而且也有助于高校各项事业的发展。

第一节　学生助理公益岗的界定

学生助理公益岗是高校为有意愿参与校内公益志愿服务的大学生专门设立的助教、助研和助管岗位,是高校开展公益志愿服务的有效形式之一,对提升高校思想政治教育的实效性以及促进大学生的成长成才有着重要意义。

一、学生助理公益岗的内涵

学生助理公益岗是学生勤工助学岗位的特殊形式,只不过这种"助学"不是经济意义上的，而是广义上的"助学"，是通过吸纳大学生参与学生助理公益岗的工作，在服务中提升学生能力、助力学生成长。勤工助学由来已久，也称为勤工俭学。我国最早的勤工活动出现在 20 世纪初，早期的勤工俭学和爱国救亡活动联系在一起。随着生活条件的不断改善，一些家庭经济并不困难的大学生也逐渐有意愿参与到高校的勤工助学工作中，但他们的目的并不是为了获取经济方面的报酬，而是希望得到学习和锻炼的机会。社会的发展，使得成长成才的内涵更为丰富，全面发展成为大学生的自觉追求，大学生越来越注重理论与实践的有机结合，对公益志愿服务也有了更进一步的认识。为了给大学生提供更便利地参与服务、锻炼的机会，许多高校在学生勤工助学岗位中特意增设了学生助理公益岗，让有意愿的大学生义务在岗位上为学校、师生服务。因此，学生助理公益岗实际上是高校为有志于提升自己综合素质的学生提供的实践和参与机会。

二、设置学生助理公益岗的意义

高校开设学生助理公益岗有多重意义。从教育的角度而言，有利于增强高校思想政治教育的实效性；从参与的角度而言，可以为大学生提供在身边参与公益服务的机会；从学生发展的角度而言，有利于大学生的职业准备。

（一）有利于增强思想政治教育的实效性

按照教育部关于勤工助学的相关管理办法，组织开展勤工助学活动是高校学生工作的一项重要内容。高校要加强领导，认真组织，积极鼓励校内有关职能部门充分发挥作用，在工作安排、人员配备、资金落实、办公场地、活动场所及助学岗位设置等方面给予大力支持，为学生勤工助学活动提供指导、服务和保障。学生助理公益岗的设置和运行，需要高校各单位密切配合、相互支持，是高校全员育人的机制之一。大学生参与学生助理公益岗的工作，亲身参与到高校的教育、管理和服务工作中，有利于提升大学生的服务意识，也能进一步感受到高校在教育、管理和服务工作中的理念。高校日常工作中或实际操作中存在的问题，参与学生助理公益岗的志愿者也能及时向教师反馈，这将提升高校学生工作促进学生发展的实效性。因此，大学生参与学生助理公益岗不仅是在服务中受教育，也是在服务中长才干。学生助理公益岗的设立，建立起了一个学生与教师在服务中共同成长、在管理中互相促进、在互帮互助中共同受教育的第二课堂。

（二）有利于拓展学生的公益参与

公益的内涵广泛，如何理解公益，如何在公益服务中践行社会主义核心价值观，是当代大学生应思考的问题。大学生参与公益服务不应局限于校外,更应立足于平时、立足于身边、立足于眼前。高校既是教育机构,也是社会的一个有机组成部分,大学生以学生助理的身份自愿参与到学校层面或院系层面的工作中,实际上是实践的一种形式,也是参与公益服务的一种途径。校内公益岗位贴近大学生的生活,也与大学生的切身利益息息相关,参与校园公益是大学生更便利、更经济地参与公益服务的渠道。大学生在力所能及的范围内,协助教师做好高校的教育、管理和服务工作,与参加校外的社会实践和公益服务一样,都有利于培养大学生的责任意识、团队精神和纪律观念。

(三) 有利于学生的职业准备

大学生的职业准备包括了解就业信息、实现角色转变、提升自身素质、适应职业要求等内容。在校大学生除了通过到校外企事业单位进行实习、兼职外,较少有机会接触实际的工作环境和工作内容。而且,校外企事业单位的实习、兼职机会一般倾向于招聘高年级大学生。校内公益岗位的设置正好给予了大学生动手实践的机会,让更多学生有机会参与工作锻炼。校内公益岗位的类型多样,技术型岗位如学生记者、实验室助理、网络管理员等,有利于让学生发挥专长,利用专业知识为师生服务;服务型岗位如收发岗、咨询岗等,有利于提高学生待人接物的能力;行政事务辅助型岗位如协助办公室内务、办公室资料整理等，则有助于学生养成细心和耐心的行为习惯，培养良好的工作态度。总之，大学生在学有余力的前提下，参与校内公益岗位的锻炼，有利于提前认知工作角色，了解工作流程，提高人际交往能力，并在实际的工作锻炼中提高服务意识、掌握工作技巧，为未来的职业发展奠定良好的基础。

第二节 学生助理公益岗的设置

学生助理公益岗的设置要坚持"立足校园、服务师生"的宗旨，按照"学有余力、自愿参与、信息公开、竞争上岗"的原则，在不影响高校正常的教学秩序和大学生正常学习的前提下有组织地开展。学生助理公益岗的设置要有专门的机构做好管理工作，岗位的工作内容要适合大学生的实际能力，岗位设置要有规范的工作流程，要有完善的考核体系。

一、设立管理机构

学生助理公益岗需要有专门的机构进行设立和管理，可由高校勤工助学管理机构进行统筹管理。为保证学生助理公益岗的顺利运行，促进公益岗管理工作的有序开展，保障学生的合法权益，高校可参照勤工助学的管理规定制定相关的公益岗管理办法，对公益岗的内涵、开设范围、工作内容、管理流程、公益时数认证等进行界定。

二、岗位设置方法

高校可根据校内用人单位的实际情况统筹学生助理公益岗的岗位设置，岗位的设置应考虑工作的实质、用工需求及用人单位的实际情况。首先，根据岗位工作内容设置实际可行的学生助理公益岗。一般而言，为师生提供服务的岗位比较适合作为学生助理公益岗，如工作咨询、秩序维护等。其次，根据高校勤工助学岗位的实际需求进行设置。比如可以规定以勤工助学岗位总数的10%作为学生助理公益岗，参与这部分工作的学生助理不领取酬金。最后，整体协调下的灵活设置，即由用人单位根据本单位的实际情况进行岗位设置并报学校勤工助学管理部门审批。按照"谁用工、谁负责"的原则，大学生参加学生助理公益岗工作依法受到保护，用人单位或个人应当为大学生的人身安全提供保障，不得损害或变相损害大学生在劳动保护方面的合法权益。禁止大学生参加高空作业、污染严重、放射性强等易对人体造成伤害和威胁的工作以及其他不适合大学生从事的工作。校内各勤工助学用人单位应有专人统筹和管理本单位的学生助理公益岗，并注意在工作中培养和教育学生。大学生在学生助理公益岗的工作时间可由用人单位及学生进行协商后确定，参与公益岗服务的时间不得与正常的学习、生活相冲突。

三、规范开设流程

学生助理公益岗的开设流程包括用人单位开设岗位的申请、学生应聘申请等两方面的内容。一是岗位设置申请。学生助理公益岗的岗位设置应由高校勤工助学管理部门进行统筹管理，学生助理公益岗的开设单位在设置岗位前应向高校勤工助学管理部门提出岗位设置申请，通过批复后再开设学生助理公益岗。所有的学生助理公益岗招聘可由高校勤工助学管理部门通过公开的渠道进行招募。二是学生应聘申请。学生应在学有余力的情况下申请学生助理公益岗，其申请应由所在院系进行审批，让院系辅导员了解学生参与校内学生助理公益岗的情况。

四、完善考核体系

为鼓励大学生参与公益服务，高校可设置学生公益时数认证或公益服务申报的相关流程、办法，包括确定公益时数认证及公益服务申报的机构，确保公益时数认证及公益服务申报的真实性，以及公益时数认证及公益服务申报流程的顺畅，公益服务时数认证及公益服务申报后的相关奖励配套措施，等等。学生助理公益岗的活动是一种实践活动，为鼓励大学生参与学生助理公益岗的工作，学生助理公益岗的公益时数认证或公益服务申报应纳入学校对学生参加社会实践活动的认证体系中，建立完善的公益时数认证及公益服务申报流程。做好公益时数认证及公益服务申报，需要相关单位之间相互配合，做好学生助理公益岗的日常管理，以及对学生助理公益岗的考勤。大学生参与学生助理公益岗的服务时数除了由用人单位进行核算外，还需要接受高校勤工助学管理部门以及广大师生的监督，因此应建立起公益服务情况的公示监督机制。

第三节　学生助理公益岗的运行

在设立学生助理公益岗并进行过培训之后，大学生就要开始上岗开展服务了。这也意味着管理机构和公益岗的负责老师要开始与公益服务志愿者一起开展日常的管理和服务工作，并在志愿者完成工作任务后对其进行工作考核。

一、上岗培训

参与学生助理公益岗的志愿者在上岗之前需要进行正规的培训，方能在熟悉工作业务的基础上提供合适的服务。培训一般分为通用培训和业务培训两大部分。其中，通用培训是让志愿者熟悉学校的整体运行，了解学生助理公益岗的基本要求，掌握待人接物的基本礼仪、开展服务的基本技能等。通用培训可以由学生助理公益岗的管理机构直接组织，这实际上也是对学生的一种教育，在培训的师资和内容方面都要进行规划，才能取得良好的效果。业务培训则是针对志愿者所参与的工作开展的培训工作，一般由其所在服务单位的指导老师来负责开展。业务培训是针对具体服务工作的，要讲究实操性，所以培训的内容要具体，操作的流程要清晰，应该找有经验并且耐心、细致的老师担任指导老师。当然，志愿者在做中学，在日常工作中获得指导老师的指点也是培训的一种方式，而不一定非要用课堂讲解的方式开展业务培训。

二、日常管理

首先是按照上岗时限进行管理。设置学生助理公益岗的用人单位需由专门的管理人员对大学生志愿者进行日常管理，按自然月计算公益时数。为确保大学生志愿者正常的学习、生活，对学生助理公益岗月上岗时间累计时数应作一定的限制，原则上应参考学校勤工助学管理规定对学生助理公益岗的工作时数进行限定。其次要加强日常考勤。学生助理公益岗的日常考勤方式可参照学校勤工助学岗位的考勤方式，或根据具体公益岗的工作内容、工作性质由用人单位自行制定适合该岗位的考勤制度、管理办法。大学生志愿者工作量的计算，原则上可以小时为计量单位。应公开公正地进行学生助理公益岗的日常考勤，做好岗位的工作记录。

三、绩效考评

绩效考评一方面是指工作"量"方面的考核，另一方面是"质"方面的评价。学生助理公益岗的绩效考评可分为三个步骤：①服务时数申报。学生助理公益岗的学生服务时数由用人单位负责填报，根据服务时间、完成的质量和遵守劳动纪律等方面的情况进行考核。用人单位应按要求填写学生的个人考勤表，并汇总填写本单位所有学生助理公益岗的统计表，按照自然月进行考勤的原则，在规定时间内提交至学校学生助理公益岗的管理部门。②公示监督。学校学生助理公益岗管理部门对各用人单位填报的学生助理公益岗的服务时数进行公示。这么做一方面是避免产生漏报、错报的情况，另一方面也是对参与公益服务的学生的一种肯定和表扬。③开具证明。经公示并无异议后，按照学期或在学生离岗时，由用人单位为本单位学生助理公益岗的学生开具公益服务证明，并对其参与公益服务的情况进行评价。学校可把学生参加学生助理公益岗纳入社会实习、实践体系中，并按照本校相关的奖励管理规定进行表彰。

第六章　大学生公益服务项目设计

人类社会一直存在两种重要的活动。一种是经常性、持续性、程式化的"运营或者作业活动";另一种是临时性、一次性、带有较强目的性、更多创造性或创新性的活动,其运行过程不确定程度较高、一致性程度较低,不具备现成的管理标准或依据,被称为"项目"。① 大学生公益服务项目可以理解为针对社会中存在的特定问题,由大学生自愿组织开展的、以提升社会安全和增加社会福利为目标取向,并对服务对象产生一定影响的干预或服务项目。②

第一节　大学生公益服务项目的特点

项目是一个动态的概念,任何项目的实现都要经过一定的

---

① 参见卢长宝《项目策划》,电子工业出版社2011年版,第2～3页。
② 参见钟一彪《大学生公益服务导论》,中山大学出版社2012年版,第65页。

阶段或工作过程，一般可以分为启动阶段、计划阶段、执行阶段和收尾阶段。从项目进展的构成要素上看，包括项目的范围、组织、质量、时间、成本、资源和环境等七个要素。公益服务项目与一般企业组织项目相比，具有三个方面的显著区别：①一般企业组织项目侧重于工程类项目，公益服务项目侧重于服务类项目；②一般企业组织项目以内部立项为主，公益服务项目大多数向组织外部申请；③一般企业组织项目注重营利，公益服务项目的主要目的是实现其战略性目标和宗旨。①

一、大学生公益服务项目的属性

所有项目都具有目的性、独特性、一次性、不确定性、制约性等特性②，大学生公益服务项目也不例外。当然，大学生公益服务项目的特点还源于大学生群体的自身特征。

第一，目标导向性。大学生公益服务项目有明确的服务目标和服务对象，其服务目标是提升社会安全、提高社会福利水平，其服务对象为社会大众或特定人群。期望产出的是改善社会状况的公共产品，直接结果是为有需要的人群提供力所能及的帮助。

第二，学习实践性。大学生公益活动也是大学生学习实践

---

① 参见王名《非营利组织管理概论》，中国人民大学出版社2002年版，第162页。
② 参见戚安邦《项目评估学》，南开大学出版社2006年版，第3页。

活动，是大学生接触社会、了解社会的重要途径，是通过参与公益服务而进行的学习活动。

第三，协同创新性。公益服务项目是一次性的努力，这也是项目区别于其他重复性操作、运作的最大区别。大学生公益服务项目的参与者具有一定的流动性，即使是同一主题的公益服务项目，也会因发起者、参与者的不同，而在策划、组织、实施和管理上具有不同之处。

第四，时间限制性。公益服务项目有明确的时间进程，有开始时间和实现目标后的项目结束时间。对大学生公益活动而言，时间限制性体现在大学生基本只能在课余时间或是在假期开展公益服务活动。①

第五，资源制约性。项目的开展需要人力、物力、财力等方面的资源。大学生公益活动通常具有较为充足的人力资源，但大学生在资金募集、对社会现实的了解等方面常存在不足，因而大学生公益服务项目的开展面临许多实际方面的限制。

除上述特性外，大学生公益服务项目还有开放性、多方联动性等特点，这些特性增加了大学生组织公益服务项目的难度。

---

① 参见钟一彪《大学生公益服务导论》，中山大学出版社2012年版，第66页。

二、优质公益服务项目评价标准

不同行业对成功标准的侧重和衡量是不同的，任何一个项目在定义其成功标准时，都应该具体结合该项目所在的组织环境进行具体分析。一般来说，优秀的项目具有一些可以帮助我们验证其效果的特征和属性，包括稳定的资助、被认可的身份、可持续和可推广的模式、服务哲学等。①

第一，稳定的资助。资金对多数公益服务项目的成功都非常重要。大学生公益服务项目在策划初期通常会经历比较大的调整和较高比率的人员变动，直到获得稳定的资助后才开始逐渐稳固下来。

第二，被认可的身份。简而言之，大学生公益服务项目要通过多种方式让高校和公众认可自己。在有些公益团队中，一个项目可能因为它在某地实行多年而被认可，或者因为它的口号、标志、信封抬头、代言人等而被认可。

第三，可持续和可推广的模式。项目理论基础和运作模型对复制和推广一个公益服务项目非常重要。大学生组织公益活动是一个学习实践的过程，一方面需要经验的积累和持之以恒的毅力，另一方面需要开拓有借鉴和推广意义的新模式，保持

---

① 参见［美］戴维·罗伊斯等《公共项目评估导论》，王军霞、涂晓芳译，中国人民大学出版社2007年版，第5～11页。

"公益市场"的创新活力。

第四,服务哲学。服务哲学表明大学生公益服务项目的服务对象,也能明确地告诉服务对象他们将被怎样对待,有什么样的服务可提供给他们。

第二节 大学生公益服务项目的设计

项目设计是在项目开始前,由项目团队以外的人或者由项目团队及项目利益相关者共同参与的一个管理流程。这个管理流程中的主要活动是对组织战略和项目管理环境的理解,并在此基础上制定项目策略,以此指导项目活动的界定工作。在项目设计过程中,不仅要考虑设计者对项目基本要素的把握,也要考虑执行者对这些要素的理解和掌握并运用到项目运行过程中的能力。[①] 大学生组织公益活动之前,首先要做好公益服务项目的设计工作,也就是要为公益活动"画好蓝图"。

一、进行需求评估

需求是项目产生的最主要原因和驱动因素。公益服务项目的需求往往是多方面的、不确定的,需要项目团队去分析和引

---

① 参见杨侃等《项目设计与范围管理》,电子工业出版社2011年版,第24页。

导。美国心理学家马斯洛在《人类动机理论》一书中提出了需求层次论，将人的需求层次分为生理需求、安全需求、社交需求、尊重需求以及自我实现的需求五级。这一理论基于三个假设：人要生存；人的需求按重要性和层次性排成一定的次序；当人的某一级需求得到最低限度的满足后，才会追求高一级的需求。在大学生组织公益服务项目时，服务对象的需求可能是五个层级中的任何一个或多个。例如，医疗卫生类的公益服务项目基于生理需求和安全需求，文化教育类的公益服务项目基于尊重需求和自我实现的需求，等等。而对于作为活动组织者和参与者的大学生群体而言，公益服务项目的意义更多体现在自我实现这一需求层级上，其实也就是公益服务项目对于参与者的一种价值性。

（一）需求预测和调查

预测是在对现实和历史进行调查研究的基础上，找出事物发展的规律，对未来时间状态进行科学的分析。需求的预测是项目决策的前提和先决条件，是确定项目目标和规模的重要依据，也是制订项目实施计划的依据。

需求预测具有近似性和随机性的特点，这是由现实事件的未来状态的不确定性决定的。因此，对需求的预测工作应力求科学，要基于能指导实践的理论，基于详尽的调查研究和系统可靠的资料,基于科学的预测方法和计算工具等。① 按对象范围,可将需求预测分为宏观需求预测和微观需求预测;按时间可分为长期预测(5年以上)、中期预测(1至5年)、短期预测(3个月至1年)和近期预测(3个月以下)。

确定需求预测的目标后,应着手进行需求调查。需求调查的方法有很多种,从范围分,可以分为普查、重点调查、典型调查和抽样调查。其中,抽样调查是按照随机原则从总体中抽取部分对象构成样本,以样本信息推断总体特征的调查,也是大学生组织公益服务项目常用的调查方式。从调查对象的角度出发,可以分为询问法、观察法和实验法。其中,询问法是以询问方式为手段,将被询问人的答复作为调查信息资料依据的调查方法,是一种常用的针对服务对象的调查方式。使用询问法时要注意调查表的设计和个人询问技巧,具体可以采用访谈调查、电话调查、邮件调查、留置问卷调查、媒体问卷调查、座谈会、深度访谈等形式。在收集、分析和定义服务对象需求时,应全面了解服务对象所处的环境,从服务对象的环境出发进行需求分析。在与服务对象沟通时,要注意抓住重点,以便与服务对象进行深入交流。应确保项目设计所定义的需求与服务对象的真实需求相一致,在这个层面,最好的解决办法是在

---

① 参见齐中英等《公共项目管理与评估》,科学出版社2004年版,第65页。

确认了服务对象的需求后,再向服务对象描述项目设计者所理解的服务对象的需求,最后由服务对象确认这种理解是否正确。[①]

(二) 需求评估的任务

对公益服务项目的需求评估首先面临一个界定社会问题的任务,应注意运用科学的研究方法,客观地研究问题,避免过度的价值卷入,从而正确地理解社会问题。对于某些社会问题,现存研究和资料,如调查和人口普查数据等,已能够提供高质量的有用信息。其次,当有必要获得非常准确的关于问题严重程度和分类的信息而又没有现成的可靠数据可资利用时,评估者需要运用抽样调查或者普查的方法开展原始数据调查。最后,社会指标与服务机构的服务记录也可以用来确认社会问题的现状及其发展趋势。[②] 对社会问题严重和重要程度进行估计的最简单的方法是询问主要知情者。不过这些人的立场和经历使得他们对于问题的重要性和分布状态有一定的主观看法。

大学生在进行需求评估时,还应做好以下五个方面的工作。

---

① 参见杨侃等《项目设计与范围管理》,电子工业出版社2011年版,第82～83页。

② 参见[美]彼得·罗希等《评估:方法与技术》,邱泽奇等译,重庆大学出版社2007年版,第79页。

1. 明确自身角色

大学生组织公益活动的需求评估时，在本质上属于研究者的角色，应本着客观公正的态度、实事求是的科学精神来展开需求评估，不应受评估者个人的价值或偏好所影响，应秉持无私人价值偏见的立场和观点，并时时警醒，避免产生不符合客观事实的重大偏差。另外，应避免以倡导者的角色出现。因为在需求评估阶段，研究对象的服务需求尚未明确，社会问题也未得到确认，在许多实际情况未定的情况下就以倡导者的角色开展工作，实际上已经预设了自身立场，并不符合客观公正的要求。

2. 识别干预对象

准确地定义干预对象，从而确保以相对清晰和有效的方法把干预对象与其他非目标人群区别开来，这是项目运作过程中的一个必要部分。[1] 对于干预对象的详细描述需要确立区分对象的分界线，即需要确立一个判断标准，以此判断何人、何事可以包括在内，何人、何事应该排除在外。尽管需求评估不能确定干预对象的哪个观点是"正确"的，但能够帮助消除群体之间的冲突。[2]

---

[1] 参见［美］彼得·罗希等《评估：方法与技术》，邱泽奇等译，重庆大学出版社2007年版，第82页。

[2] 参见［美］彼得·罗希等《评估：方法与技术》，邱泽奇等译，重庆大学出版社2007年版，第84～85页。

3. 描述目标人群

目标人群也可以根据需求状态进行定义。目标人群通常是指目前已表现出这种状态的潜在群体。对于大学生公益服务项目而言，"具有需求"又"愿意接受"服务的个人或群体才能被定义为目标群体。也就是说，公益服务项目不能想当然地认为自己能够或愿意提供服务就可以开展，而是应找到真正愿意参与其中的服务对象。否则，项目就不可能顺利实施。

4. 描述需求特征

文化因素或文化理解能形塑目标人群的基本属性，这与项目到达其目标群体的有效性和提供服务的方式密切相关。[①] 在描述目标人群的需求特征时，应深入他们的生产和生活，深度接触，怀着同理心去观察和理解。服务需求中的另一个重要维度是考虑目标人群在使用服务时所遇到的困难。一个项目能否给目标人群提供有效的服务，主要区别在于对目标人群所遇到的障碍给予的关注程度。[②] 有些公益服务项目之所以收效甚微，主要是其只关注自己能"给予"目标人群的服务，而没有考虑到目标人群要接受这些服务是需要一些条件的。如果考虑到目标人群在接受服务时可能遇到的实际困难，在项目举办

[①] 参见［美］彼得·罗希等《评估：方法与技术》，邱泽奇等译，重庆大学出版社2007年版，第88页。

[②] 参见［美］彼得·罗希等《评估：方法与技术》，邱泽奇等译，重庆大学出版社2007年版，第88页。

的时间、地点和方式等方面就应结合实际情况进行调整,而不是一厢情愿地强调实施方的意愿。

5. **服务需求指标**

从需求评估的角度而言,与服务对象相关的评估问题应包括:服务对象问题的本质和范围是什么?服务对象的特征是什么?服务对象的需求是什么?服务对象需要什么样的服务,所需服务的规模有多大,在什么时候需要服务?为了将服务提供给目标人群,应该安排怎样的送达方式?[①] 对以上问题的回答是需求评估中的重要任务。作为评估者或项目策划者,只有明晰了以上问题,才能为项目设计提供有效信息,从而作出有效的项目服务决策。

二、开展项目设计

在对公益服务项目的需求进行综合评估后,就可以对项目的组织形式和实现方式进行设计了。

(一) 设定项目目标

目标是目的或使命的具体化,是一个组织或团队奋力争取希望达到的未来状况。如果能对项目目标予以恰当地设定,将

---

① 参见[美]彼得·罗希等《评估:方法与技术》,邱泽奇等译,重庆大学出版社2007年版,第54页。

有助于不同小组之间的合作,产生协同效果。

目标的表达通常有三个层次,即战略性项目目标、策略性项目目标和具体项目目标。战略性项目目标通常是项目的使命和意义;策略性项目目标是组织期望实现的业务或其他收益;具体项目目标则说明项目应当达到什么样的效果,如成本目标、进度目标、质量目标等。

有效的项目目标应当具有五个方面的特征:①目标应是具体的;②目标应是可以考核的;③目标应是可达到的;④目标设定应紧紧围绕项目希望达成的结果并与项目相关;⑤目标设定应具有时间性。

有效的项目目标的确定能够提高团队成员对项目的参与度,既能集中大家的智慧,又能调动积极性,给那些动机或价值观不尽相同的利益相关者提供一个共同的决策基础和努力方向;同时,利于团队成员随时监测自己的进度,以便作出适宜的调整。

(二) 项目构思方法

项目构思又称项目创意,是公益服务项目孕育的必经之途,一般采用如下六种思维方法。

1. 头脑风暴法

头脑风暴法的基本操作方法是召开小型提案会,让与会者敞开思想,使各种设想在相互碰撞中激起脑海中的创造风暴。

头脑风暴法成功的要点在于：①自由畅谈；②延迟评判；③禁止批评；④追求数量。

2. 德尔菲法

德尔菲法是指依据系统的程序，团队成员之间不得互相讨论，只能与调查人员发生关联，采用匿名的方式发表意见，反复地填写问卷，以集结问卷填写人的共识、搜集各方意见并最终形成决策依据的一种集体性创新思维方式。这种方法依赖监督小组和回答问题小组之间的互动，并要求评判专家具备与策划主题相关的专业知识。

3. 希望列举法

希望列举法是通过提出对问题的希望或理想，使问题和事物的本来目的聚合成焦点来加以考虑的一种工作技巧。本方法可以从被调查对象的需求和建议中获得启发，从而有利于创造性地解决问题。

4. 语义直觉法

语义直觉法是随意列举一些与项目主题相关的词汇，然后尝试将这些词汇进行组合，形成具有新意的名称或者主题名。

5. 类比法

类比法包括直接类比、象征类比、自身类比、幻想类比等。类比所得出来的结论不一定可靠，但往往富于创造性。

6. 意外事件法

意外事件法是指抓住意外的成功、意外的失败或者意外的现象，从中发掘信息，获得新创意的方法。

(三) 项目设计原则

研究表明，在获取知识并形成设计理念进行项目设计的阶段，项目管理的影响指数是最高的。因此，项目管理者应该把管理重心放在这个阶段。① 公益服务项目设计应遵循一定的准则进行科学设计，这将决定大学生公益活动的进程。

1. 服务对象的需求取向原则

服务对象的需求取向原则，是指大学生在组织公益活动时，要对服务对象的需求进行充分、深入的了解，在此基础上有针对性地设计公益服务项目、开展公益活动，尽可能地使大学生公益活动得到服务对象的认同。在活动过程中，要依据项目策划和服务对象的需求，帮助服务对象解决他们最关心、最直接、最现实的问题，使服务对象体会到大学生公益活动的重要价值，实现大学生公益活动社会效益的最大化。在活动结束后，需要对服务对象的需求满足情况进行跟踪了解，经常与服务对象保持联系，及时给予帮助，巩固公益服务的成果。

2. 参与活动的价值取向原则

参与活动的价值取向，是指大学生组织公益活动所要实现

---

① 参见杨侃等《项目设计与范围管理》，电子工业出版社2011年版，第24～25页。

的目标和价值追求。大学生组织公益活动，需要明确为什么要开展公益活动，以及希望达到什么样的目的、取得什么样的收获，从而确立组织活动的目标取向。这是大学生组织公益活动的前提。

3. 服务提供的量力而行原则

服务提供的量力而行原则，是指大学生要依据自己的学科类别、专业特长、知识结构以及社会阅历、身体状况等，实事求是地策划公益服务项目，量力而行地为服务对象提供服务。量力而行原则要求大学生在开展公益活动时，不仅要有良好的愿望，而且还要对自我状况和服务对象的情况有一个正确的了解、认识和把握，体认自身的专业能力和服务水平，明确服务方向和工作目标，量力而行地开展公益活动。

4. 项目执行的团队合作原则

所谓团队精神，就是建立在正确的世界观、人生观、价值观基础上的一种协同工作精神。在公益活动中，每个团队成员应充分发挥自己的特长和优势，形成项目执行的合力，通过团队的力量，为服务对象提供高质量的服务。

5. 项目进程的安全可靠原则

项目进程的安全可靠原则，是指要将自身安全和服务对象的安全摆在重要位置，确保大学生公益活动安全可靠、有序进行。大学生在开展公益活动的进程中，要对不可抗力等因素或意外事件进行认真分析研判，提前制定应对突发事件的预案，尤其要避免团队成员人身伤害和财产损失等情况的发生。在组织大学生开展公益活动时，要将"安全第一"的观念贯穿于活动始终，建立健全大学生公益活动的安全保障机制。

6. 项目模式的可持续性原则

项目模式的可持续性原则，是指大学生公益服务项目应当具有长期性、发展性和创造性。大学生公益服务项目顺应社会发展，适应时代要求，在设计和实施过程中应把握好以下四个方面：一是精心选题；二是认真策划；三是分步实施；四是推陈出新。唯其如此，方能始终保持公益服务的生机与活力。[①]

三、撰写项目建议书

在掌握公益服务项目设计的基本原则和正确方法的基础上，就要进行项目建议书的撰写了。在项目建议书撰写过程中，要注意把形式和内容有机结合起来。

（一）项目建议书的格式要求

项目建议书没有一成不变的格式，应依据项目或具体活动的不同要求，在内容和形式上有所变化。项目建议书的基本格式包括以下四个方面。

---

① 以上六条原则参见钟一彪《大学生公益服务导论》，中山大学出版社2012年版，第72～77页。

1. **封面设计**

封面一方面是文本的外层保护，另一方面还具有吸引读者的功能。应注意针对不同阅读者进行封面的格式设计和色彩选择。封面应为阅读者提供建议书名称、项目发起人或团队名称、提交项目建议书的时间、联系人及其联系方式等信息。[①]

2. **目录设计**

目录是对正文内容的简要概述。通过阅读目录，阅读者能迅速领会项目建议书的逻辑顺序和内容结构。目录要注意文字的大小、缩进和页码对齐。[②]

3. **正文编排**

正文是项目建议书的核心部分，其制作应符合阅读者的阅读习惯。正文一般采用前言（或引言）、第×部分（或第×章）、附录的顺序。其中，前言主要介绍项目的背景、目的和宗旨等；第×部分介绍具体内容；附录一般是特殊材料或文件资料及其说明。此外，还可以附上相关参考书目或参考文献等。[③] 正文章节目要清晰，要有页码，标注的格式应前后一致，图或表的编排要讲究规范。正文行文应分段、逻辑清楚、结构有序，不要从头到尾密密麻麻地排列，让人难以理清头绪。

---

① 参见卢长宝《项目策划》，电子工业出版社2011年版，第214页。
② 参见卢长宝《项目策划》，电子工业出版社2011年版，第214页。
③ 参见卢长宝《项目策划》，电子工业出版社2011年版，第214页。

4. 格式要求

项目建议书的标题一般采用黑体标示，正文一般采用宋体。字号大小一般视内容而定，页眉、页脚一般用五号或小五号宋体，同一份项目建议书中不要使用三种以上的字体。依照中文的编排习惯，段落前要缩进两个字，每行之间及标题与段落之间的行间距设计，要以美观大方为宜。①

(二) 项目建议书的内容

1. 项目名称和首页

选定项目名称是项目建议书的第一步，甚至是成功申请项目的关键因素。好的名称应该能够描绘出一幅简要的图画，能高度概括而又准确表明项目内容，帮助阅读者抓住项目的中心思想。标题应尽量只用一个句子，把不需要的词汇从标题中删除。

2. 项目建议书主体部分

(1) 背景和立项理由。项目建议书需要阐明三层含义：项目环境、项目背景、项目意义。② 把阅读者最感兴趣的问题与项目对资金的需求联系起来。但应该明确，一个好的前言或引言应该是"我们的项目能够为社会或服务对象做些什么"，

---

① 参见卢长宝《项目策划》，电子工业出版社2011年版，第215页。
② 参见王名《非营利组织管理概论》，中国人民大学出版社2002年版，第166～167页。

而不是"机构的资金能为我们做什么"。

（2）项目内容。包括项目目标、说明如何达成项目目标、选择项目运作方式、项目运作简单计划等关于如何完成项目的说明。

（3）日程。包括何时启动、何时截止、划分为几个阶段、召开几次大的联络会等，最好有一张详细的时间进度表。[①]

（4）预算。详细的预算计划可以方便资助机构提供资金支持和监控资金使用情况。

（5）难点及不确定性。探讨项目运作中存在的难点及可能碰到的潜在风险，并阐述攻克难点的应对措施，对风险进行有针对性的预案准备。这能为资助机构的决策提供依据，并体现项目申请者客观、务实的科学态度。

3. 项目参与人员

项目主持人和执行负责人等相关参与者的基本数据。

4. 项目合作者

有些项目有各种不同类型的合作者。

5. 项目预期成果

阐述项目运作的成果，即预期效果。

总之，项目建议书应该表达准确、立场客观、陈述有力、

[①] 参见王名《非营利组织管理概论》，中国人民大学出版社2002年版，第166～167页。

行文规范、版面清晰、内容有效。如此，才能真正得到阅读者或评审专家的好评。

第三节　大学生公益服务项目的启动

在项目建议书的基础上，应该形成项目计划。项目计划是对项目团队成员在预算范围内完成项目的预定目标进行科学预测并确定未来行动的方案，是为了完成项目的预定目标而进行系统安排任务的一系列过程。① 项目计划过程中要解决项目团队应完成哪些工作、确定每项工作由谁完成、确定完成各项工作的开始时间、确定完成各项工作需要多长时间、确定完成各项工作需要多少成本等问题，一般应包括范围计划、工作计划、人员管理计划、资源供应计划、进度报告计划、成本计划、质量计划、变更控制计划、风险应对计划和支持计划等内容。② 制订好项目计划后，就应及时进行项目启动前的准备工作。

一、形成项目团队

形成项目团队，才能使大学生公益服务项目的开展具有人

---

① 参见骆珣等《项目管理教程》，机械工业出版社2004年版，第78～79页。
② 参见骆珣等《项目管理教程》，机械工业出版社2004年版，第80～82页。

力资源支撑。大学生参与公益服务往往具有自身的考量,总体而言,存在四个方面的动机:①物质动机,即谋求物品、服务或金钱方面的利益;②社会动机,即寻求友谊、地位和荣誉等;③发展动机,即通过参与公益服务学习新技能,并寻求更多的机会;④意识形态动机,即寻求自我超越和个人价值等。[①] 基于大学生参与公益服务动机的多样性,无论是招募团队成员还是开展培训活动,都应围绕公益活动的行动目标,展开有针对性的工作,才能有效统合多方力量。

(一)团队领导者

在大学生组织的公益服务项目中,绝大多数项目的发起者和策划者是大学生自己。大学生公益服务项目策划人的领导力是项目组织效能高低的关键,总体而言,项目团队的领导者应具备一种核心能力——平衡。[②]

1. 卓有远见和注重细节的平衡

领导者的角色涉及很多创造和想象的技能,这些技能能支持项目领导者考虑大局,创造性地思考解决方案,通过确定共同愿景激励团队成员。然而,为确保工作真正高效完成,项目

[①] 参见[美]菲利普·科特勒《非营利组织战略营销》,孟延春等译,中国人民大学出版社2003年版,第305页。
[②] 参见[美]卡伦·B.布朗等《项目管理:基于团队的方法》,王守清、亓霞等译,机械工业出版社2012年版,第25页。

领导者也必须应用更具分析性的详细进度计划、预算、资源安排和跟踪进展等方法。

2. 精湛技术和人际和谐的平衡

大学生对公益活动抱有极大热情,但实干家可能会缺乏与他人合作完成工作的人际关系技巧。领导者除了精湛的技术,还应学会处理人际关系,学会倾听与沟通、增强说服力和影响力、管理团队会议、激励团队成员等多种领导方法。

3. 坚持原创与灵活变通的平衡

原则性和灵活性的平衡是尤其重要的。过程的规范化支持原则性,但是过分拘泥于过程的规范化将降低灵活性。领导者应具有根据实际情况作出调整的适应性。

(二) 团队成员招募

大学生公益团队的成员招募,其原则要与公益活动的目标和使命紧密相连。优秀的公益团队的成员要拥有勇敢、诚实、勇于改变、同理反应、行动取向、坚信所从事的工作有价值、平衡自我照顾与照顾他人、有与人交往的经验、基础知识扎实等品性。[①] 在招募成员时,综合考虑其各方面情况非常重要,而年龄、性别、价值观、兴趣特点、智力水平、容忍团队的结

---

① 参见顾东辉《社会工作概论》,上海译文出版社 2005 年版,第 148 页。

构和自我能力等因素应予以重点考虑。① 公益团队的成员招募一般可分为以下五个步骤。

1. **制定任务说明书**

制定任务说明书之前要进行工作分析，采用科学的手段与技术，收集、综合工作的相关信息。工作分析需要明确团队的项目负责人、工作小组负责人、工作小组成员等各类型人员的权利和义务，并根据所要开展的公益活动的总体要求来制定任务说明书以及详细的岗位规划，阐明对成员的具体要求以及工作岗位的愿景，以供应聘者了解。

2. **发布招募信息**

公益团队可通过广告应征、信息平台宣传或院系及班级、教师个人推荐等方式进行成员招募。一般而言，要求应聘者提交个人简历。根据任务说明书并结合应聘者的个人简历，可初步筛选出符合条件的应聘者。

3. **进行知识测试**

知识测试以考查应聘者对志愿服务的知识和技能为主，融入部分与组织价值观有关的情境题，初步考查应聘者的价值观是否与团队目标相匹配。

4. **开展面试活动**

通过了简历筛选和知识测试的应聘者有机会参加面试。从

---

① 参见顾东辉《社会工作概论》，上海译文出版社 2005 年版，第 148 页。

理论上讲，面试只要精心设计、时间充足、手段得当，就可以准确地测评出应聘者的素质和能力。如果在面试中引入无领导小组讨论、角色扮演、管理游戏等情景模拟的人员甄选手段，则可测试应聘者的组织能力、领导能力等；如果引入工作演示的方法，则可直接测试应聘者的实际工作能力。此外，面试还可以补充应聘者在知识测试阶段难以了解到的情况，如一个人的仪表风度、口才、反应的敏捷性等。

5. 确定成员名单

通过以上各个步骤的考核，就可以大致确定成员的名单了。为了慎重起见，很多大学生公益团队还将进一步对拟聘用成员进行深度考查，比如通过试用来考查应聘者，也可以到应聘者所在院系或班级，通过其同学、教师来了解该应聘者的详细情况。通过深入的考查后，就可以根据实际情况确定人选了。

（三）团队成员培训

培训是知识、技能及态度三方面的灌输与交流。大学生公益团队成员培训的主要目的有以下三个方面。

1. 让团队成员全面了解工作任务

培训能使团队成员明白志愿服务的意义、公益项目的目标及其使命，促使团队成员的个人目标与公益团队的目标达成一致。

2. 为了提升大学生公益服务的质量

根据公益项目工作岗位的要求，确定团队成员所需掌握的知识、技能及态度。通过实务培训，确保服务质量达到应有的水平。

3. 促进团队成员的个人发展

培训能增强团队成员对工作的信心，帮助他们发掘潜能，促进个人发展。[①] 对于团队成员而言，培训的过程就是传递信息的过程。要通过培训，使团队成员了解大学生公益服务的特点、功能、服务方法与技巧、相关法律法规、服务对象等方面的情况，熟悉各项工作。培训的过程也是改变团队成员态度的过程。要通过培训，使团队成员逐步了解团队文化、服务的伦理和价值观，按照公益服务的行动准则来从事公益活动，形成团体凝聚力。培训的过程也是获取和更新知识的过程。要通过培训，使得团队成员获取大学生公益活动、社会福利服务等方面的知识，更新个人的人际沟通、交往方面的知识，在更大范围去思考个人、社会、环境中存在的问题，及时补充科学、文化、经济、社会及服务技巧方面的知识。培训的过程也是能力发展的过程。大学生公益服务也是团队成员发展自身能力的有效途径，要通过培训，努力提升他们在决策、管理、用人、激

---

① 参见吴东民《非营利组织管理》，中国人民大学出版社 2003 年版，第 269 页。

励、沟通、创新、服务等方面的能力。①

大学生公益团队成员培训的内容可归纳为两个范畴,即基础理论与技巧训练。每项培训活动须平衡两者的比重,避免培训活动流于表面。基础理论内容主要包括志愿服务的工作概念和服务对象的相关知识。技巧培训主要包括:①志愿服务技巧培训,即人际沟通技巧、自我认知以及活动程序设计技巧培训等;②特别技能培训,包括探访技巧、与其他服务提供者的合作技巧、急救训练、带领游戏技巧、小组工作技巧培训等;③管理技巧培训,主要有服务策划课程、领袖才能、资源管理技巧培训等。② 培训时,应着力构建和完善培训体系,应把基础培训、专题培训和深度培训融会贯通,形成一个持续发展的培训进阶。

二、筹措项目资源

"资源"是指能够用来帮助行动者从事某一活动,以达到一定目的的一切要素和有利条件的总和。对于大学生志愿者这一群体,筹募资源对其开展公益活动而言具有决定性的作用,资源的获取是公益项目运作的重要前提。

---

① 参见周三多等《管理学》,复旦大学出版社2010年版,第341~342页。
② 参见吴东民《非营利组织管理》,中国人民大学出版社2003年版,第269页。

(一)高校经费资助

一般而言,高校经费资助是大学生公益服务项目最主要的资金来源。大多数高校会设立专门的学生活动经费、学生德育经费、专项使用资金、委托项目资金等,定向用于资助大学生开展形式各样的社会实践、特定的志愿行动或其他公益项目。为了成功获得立项支持或项目经费,大学生公益团队需要成立专门的筹资团队,进行制订筹募计划、制作项目申请书等前期准备工作,必要时,需要通过竞赛或竞争的方式获得项目经费。

1. **成立筹资团队**

筹资团队需要为项目宣传、开展市场资源调研、策划设计筹集方案,以及筹募人力资源等进行必要的基础性工作。

2. **制订筹募计划**

制订筹募计划时,需要考虑的内容包括:公益活动所需的资金数额和物资,公益团队内部的优势、劣势以及公益团队外部的机遇、挑战,采用什么样的方式实现目标,团队成员的协调分工,筹募的成本预算,培训参与筹募的人员,等等。

3. **制作项目申请书**

项目申请书一般包括团队介绍、实践活动概要、活动目标、具体内容、项目预算、预期目标等内容,项目申请书要陈述公益团队的具体行动设计,让捐赠者一目了然地评估项目的可行性。项目申请书要想具有说服力，能够打动人，可以通过以下几点来加强效果：①将团队对资金的需求与该项目如何服务社会建立起有效的联系；②证明需求是真实的，并论证需要立即行动的紧迫感；③打动阅读对象，使其认为值得为相关社会群体的福祉而行动；④解释如何使用资金；⑤语言简洁，并且有说服力，保持积极的态度；⑥有效地使用数字和图表，满足不同捐赠者的阅读习惯和需求，使项目申请书更有表现力。

（二）募集社会资金

捐赠被认为是公益性非营利组织天然的收入来源，捐赠者一般有企业、基金会、个人。在大学生公益团队募集公益活动的资源时，企业、基金会、个人的捐资，也是重要的资金来源。

募集社会捐赠的资金、物资等，与申请项目经费一样需要大量的前期工作。向个人募捐的方式主要有私人请求、网上筹款、项目筹款、电视或电话筹款等。向企业募捐的方式主要有直接募捐、针对某一主题募捐、请求企业提供项目经费等。如果大学生公益团队与企业形成战略合作伙伴，则可从企业获得长期捐资，以及产品、公司专门技术和知识等支持，企业也可以更有效地运用自身资源，提高企业声誉，改善企业形象，这是一种"沟通、协商、说服、互惠与合作"的过程。

（三）商业经营收入

对大学生公益团队而言，用营利精神和商业管理手段来经营，与其初衷并不相悖，而是将效率和效用最大化，对提高服务质量大有裨益。如果公益团队的经费单纯依赖财政拨款或者捐赠，资金有限且时间不定，往往会因为经费不足而难以开展活动。自谋财源，开发营利项目以弥补公益支出，虽然在目前的大学生公益活动中比例不大，但已成为一种普遍趋势。

首先，开发设计合理的公益创业项目，使市场运作成为可能。大学生创业实践中，不少是与公益事业相结合的。如中山大学"有爱慈善商店"，在学校提供铺面场地等前期基础性支援下，以一种回收转卖二手物品的形式营利，又将获利投入扶贫救济项目中，成为公益团队可持续发展的有效途径。倘若公益团队的活动更具有商业化基础，一旦与企业达成默契，就有了长期合作的可能性。如此，资金也就有了保障。此外，如果大学生公益团队发展到可以向社会提供服务时，就能够真正实现"自治"，成为社会公益组织，可以参与到政府采购中。这样，政府将自己向社会提供服务的权力"让渡"给公益团体，与公益团体签订合同，由政府提供资金、公益团体提供服务。或者企业将慈善投资和服务计划移交给公益团体，并以企业品牌冠名的形式开展活动，这或许是大学生公益团队未来的一种发展方向。

其次，公益创业竞赛模拟商业运作，孵化具有潜力的大学生公益服务项目。通过获得经费支持，大学生公益团队将自己设计的商业项目运作起来，以资本运作的效果、市场反应来评价公益服务项目的成效，这为大学生公益创业开辟了积极探索的平台，也孵化了一批十分具有潜力的商业项目。

（四）无形资源的获取

其他政策资源、社会关系、公共信息等资源的获取，归根结底是通过处理好各种外部关系实现的。大学生公益团队应该学会与高校各部门、各院系合作，与校友企业合作，与社会团体合作，与新闻媒体合作，寻求更广阔的资源拓展空间。

1. 处理好与高校各部门、各院系的关系

与高校各部门、各院系建立良好的关系，是大学生开展公益活动的重要关系资源。一是因为高校各部门、各院系提供了大量的项目经费和参与性的实践机会；二是因为高校各部门、各院系能网罗更宽广的资源，诸如校友、专业教师、行政人员等。大学生公益团队在项目申请书中要详细说明项目与高校工作重点的密切程度，以及可能收获怎样的正面效益。大学生公益团队要采取积极措施与高校相关部门保持良好的沟通，关注其发布的信息，与相关负责老师保持联络，并熟知申请资助的相关程序。团队领导者或成员如果能在高校的其他学生组织中担任主要职务，将有助于获取信息和保持良好的沟通。

2. 处理好与校友企业的关系

企业资助大学生开展公益活动，可能是出于免税、企业形象、社会责任、增加销售、改善内部关系等目的，也可能是出于对大学生成长的无私关怀。这在校友企业对大学生的资助中尤为常见。保持与校友企业的良好关系，有助于借助校友的社会资源，为大学生公益团队谋求更多的可能支持。无论是高校的社会关系还是大学生个人的社会关系，经常性地开展邮件交流、寻访行动，保持良好的沟通，校友企业即可成为大学生公益活动的有力支持者。

3. 处理好与社会团体的关系

大学生公益团队还应该与基金会、慈善机构结成良好的合作关系，也有可能从基金会争取到项目资金支持。随着我国《基金会管理条例》的颁布和实施，中国基金会的数量也在不断地增长。另外，一些海外国际资助机构也应被纳入考虑范围，但应注意避免国外政治势力或宗教方面的介入。除了社会团体，校内其他学生团体、其他高校的学生团体等，也应该加强联系，实现资源的整合。大学生公益团队在申请公益活动的项目资金时，进行强强联合或优势互补，将会大大增强获得经费资助的成功率。

4. 处理好与新闻媒体的关系

大学生公益团队还应该尽力与新闻媒体建立良好的合作关系，这对树立团队良好形象、提高团队执行力和服务能力具有重要意义。"广州青年志愿者行动发展状况"调查显示,志愿者主要通过报刊、互联网、电视等新闻媒体了解志愿服务信息,新闻媒体已成为发布志愿服务信息的主要渠道。[①] 高校是智力集中的场域,大学生在运用新媒体资源方面一直引领着社会潮流,这有利于大学生公益团队扩大影响力,募集更多的资源。

三、规划项目进度

规划项目进度就是对项目的具体实施进程进行计划和安排,涉及很多方面。在大学生公益活动中,最主要的是人员安排、资源分配以及时间进度的落实。

(一) 人员安排

每一项任务都需要有人负责,具体到每一个人,而不是部门——每个具体的人应对工作的及时完成和成功负责。任务分配应当包括确定团队中哪个人最有兴趣、最有能力去完成一项特定任务。一旦任务分配工作完成,团队领导者应从全局出发,再次审视这一分工,避免某项任务无人落实或多项任务集中在某个人身上。如果团队中没有人胜任该任务,则应及时补充外援,吸收有能力的成员,或进行工作外包。

[①] 参见李自根等《志愿服务二十年》,广州出版社2007年版,第40页。

1. 责任矩阵

责任矩阵或称责任分配矩阵，明确记录了每个人在特定项目活动中所扮演的角色，是一种与绩效相关的责任分配。例如，表6-1是一个募捐书籍的公益活动宣传部分的责任矩阵。

表6-1 募捐书籍的公益活动宣传部分的责任矩阵

宣传活动	项目团队成员			
	张三	李四	王五	赵六
调研	A/I	I	I	I
传单	A	P		
邮件			A	P
微博和QQ群		P	A	P

注：P = 参与；A = 负责；I = 需投入

2. 项目组织结构

实际上，人员安排也可以如图6-1所示，以组织结构及其任务分解的形式出现。

图6-1 募捐书籍活动的组织结构

（二）资源分配

项目的资源如何准确合理地分配到每一个任务阶段，要先对每一任务的资源拟一个需求清单。

确定了资源需求后，即可根据每一项工作所需人力、时间或其他资源信息，得出团队项目的成本估算。成本估算可以采用类比估计法（从上往下估计法）、从下往上估计法和参数建模法。类比估计法（从上往下估计法）是参考之前相似项目的实际成本作为估计当前项目成本的基础，这一估计法需要专家判断，实施费用较少，但缺乏准确性；从下往上估计法是估计单个环节的成本然后逐级累加，这个方法可以增加估计的准确性，但比较费时，而且实施费用较高；参数建模法是根据项目的特征参数，用数据模型进行项目费用估计。实践中，往往是多种估计方式相互结合，若两者差别较大，则需要收集更多的信息重新进行估计。① 下面举例说明募捐书籍活动的估算细节（如图6-2所示）。

同理，时间、人员等资源的分配估算也可以参考以上方式执行，最终整合成一份项目的行动计划表。一般而言，应增加额外的估算，以避免出现因额外支出、项目延长以及其他风险

---

① 参见［美］斯沃伯《项目管理导论》，廖良才、高峰译，清华大学出版社2007年版，第129页。

导致项目资源短缺。

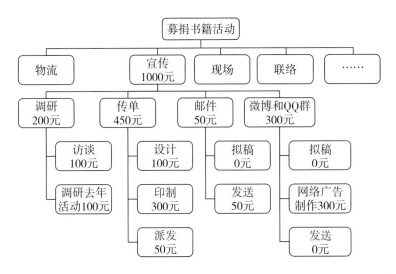

图6-2 募捐书籍活动宣传部分的预算

(三) 时间进度

时间进度计划在项目中起到明确时间进度、监控进度风险、确定并跟进项目工期以及提高团队对项目的理解等作用。

1. 工作任务间的依赖关系

一个公益服务项目可能包含了几个不同领域的工作任务，有必要对这些工作任务进行一个排序，理清一项任务是否需要在另一项任务开始前完成，或是否需要同时执行这些任务。安排具体任务时，一般需要参考三个依赖关系：一是强制依赖，即工作任务之间存在的客观关系，或称为硬逻辑。例如，必须在培训教材整理好后，才能进行培训。二是任意依赖，这是由项目团队来定义的，也可称为软逻辑。例如，团队根据经验直到项目立项获批后才开始路演等实体宣传。三是外部依赖，是项目活动与非项目活动之间的关系。例如，新软件的安装需要新硬件的到达，尽管购买硬件并不属于项目的范围，但作为一个附加的外部条件，势必会影响项目的进度。①

2. **活动持续时间的估计**

时间进度计划中，确定了各种任务的依赖关系并估计了活动的资源需求后，需要估计活动的持续时间。② 在活动持续时间估计中，可以采用计划评审技术，加权平均每个活动的持续时间估计，得到整个活动的持续时间估计。用公式可以表示为：

$$\frac{工作的平均}{持续时间} = \frac{乐观估计时间 + 4 \times 最可能时间 + 悲观估计时间}{6}$$

3. **制订项目实施进度表**

制订项目实施进度表的最终目标是建立现实的项目进度，以提供项目时间维度的进程监控。团队领导者应领导团队成员建立现实的进度表并在实际执行时严格遵守。

---

① 参见［美］斯沃伯《项目管理导论》，廖良才、高峰译，清华大学出版社2007年版，第115页。

② 参见［美］斯沃伯《项目管理导论》，廖良才、高峰译，清华大学出版社2007年版，第120页。

第七章　建构学生公益服务家校共同体

公益服务是大学生接触社会、了解社会、奉献社会的重要途径，也是高校实践育人的有效方式，对大学生树立科学的世界观、人生观、价值观有着重要的作用。然而，在论及大学生公益服务时，无论是学界专家还是社会大众，往往对赛事型公益服务、救灾型公益服务或项目型公益服务更为关注，而对扎根社区、嵌入家庭、基于日常生活的公益服务项目，目前还缺乏较为系统的研究。因此，从社会治理视角入手，探讨构建家校联合育人的公益服务共同体就显得更为重要了。

第一节　公益服务家校共同体的基本要义

家庭教育和学校教育对青少年影响深远，在个人社会化过程中起着十分重要的作用。其中，家庭具有重要的经济功能和社会功能，对个人社会化负有首要责任。在当今时代，家庭的表达性功能也在不断增强，人们普遍期望在家庭中拥有亲切感、关爱和鼓励，获得幸福和意义。① 学校教育是现代社会中个人社会化的另一个重要方面，人们往往需要通过学校教育才能较好地掌握有效参与现代社会运行所必需的行为规范和专业技能。在此意义上，个人的成长成才需要学校与家庭的通力合作。大学生公益服务家校共同体，是以公益服务为载体而形成的家校之间信息互通、情感互信、力量互补及成果互益的育人联盟。从教育学范畴看，公益服务可成为家校合作的"隐性课程"（hidden curriculum），应通过家校联合作业推动形成共同支撑大学生参与公益服务的育人机制。

一、信息互通是前提

由于家校之间存在的实际物理距离以及沟通机制不健全等原因，家校联动成为目前高等教育过程中的薄弱环节。信息传播是人际互动的基础，有效沟通才能增进双方的了解，进而产生相互影响。如果没有信息交流，或者双方互不理解，互动就无法进行。② 公益服务家校共同体之间的关系密切程度可以用家校信息互通的向度、深度、广度、频度来衡量。向度是指家校联动的信息传输方向，主要分为高校教师直接联系家长、学

---

① 参见［美］乔尔·卡伦、李·加思·维吉伦特《社会学的意涵》，张惠强译，中国人民大学出版社2011年版，第215～216页。
② 参见郑杭生、李路路等《社会学概论新修（第五版）》，中国人民大学出版社2019年版，第141页。

生家长直接联系教师、以学生为中介的家校联动三种类型；深度是家校联动所涉及信息的私密性程度及敏感度，信息分享的私密性和敏感性越强，意味着家校联动越有深度；广度是家校联动信息所覆盖的内容之范围，所涉及的信息内容范围越大，家校联动越有广度；频度则是家校联动的频率，频度越大表明家校沟通的次数越多。在当今信息时代，家校联动越来越便利，沟通成本越来越低，可以采取诸如电话、短信、QQ、微信等方式。除一对一的互动交流外，还可以通过建立群组等机制，形成一对多的交流沟通，实现家校沟通的全覆盖和即时性。发达的信息技术，大大拓展了公益服务家校共同体联动的向度、深度、广度和频度。尽管如此，面对面的沟通还是更有利于家校之间的深度互动，因而不少高校通过定期家访开展家校联动，以期增进家校之间的相互理解，深化彼此的合作。

二、情感互信是关键

互信是指交往双方互相信任并敢于托付，反映的是双方相互认同的友好交往状态。在公益服务家校共同体的建设中，互信要基于家校相关人员之间的互相尊重。无论是高校教师还是学生家长，每个人都希望得到他人的尊重，也都希望自己在交往中得到对方的认可。但由于学生在教师面前处于较为"弱势"的地位，学生家长往往会对教师有一种"天然"的敬重感。因此，在家校联动过程中，教师的同理心尤为重要，这样可以为公益服务家校共同体的建构创设情感基础。此外，情感互信还需通过经常性或常态化的互动才能得以实现。如果家校之间从来没有实质性的互动，那么双方的了解将少之又少，更遑论建立信任关系了。家校之间的互动以学生的成长成才为目标，在传递学生在校或在家相关信息的基础上，就学生在成长成才过程中遇到的问题或困惑交换意见，共同探讨促进学生成长成才的方法和路径。由此可见，家校合力为大学生公益活动提供支持和保障，可以促进家校之间的互信，从而使公益服务家校共同体形成更高水平的互动，获得家庭建设和学校发展的双赢。

三、力量互补是支点

家校双方形成育人合力是公益服务家校共同体真正形成的标志。家校育人合力本质上是家校之间的力量互补，主要包括家校在学生培养方面实现资源共享、项目共建和成本共担。在资源共享方面，高校和家庭因组织结构和功能机理有所不同，双方所拥有的资源也不一样，这就为家校双方的资源共享提供了可能性。一方面，如果高校能够把教育资源向社会和家庭开放，学生和家长就不必被动地开展学习活动，而是可以结合自身和家庭实际，主动积极地进行学习，有利于增进学习效果。① 另一方面，如果学生所在家庭能够把高校所没有的学习资源发掘出来，并与高校的教育教学、实习实践对接起来，则可以为学生成长成才提供养分。在项目共建方面，要以高校为主导，从人才培养角度设计好有利于家校合作的公益服务项目，发挥学生家长及其他家庭成员的积极作用，共同设计、参与、完成公益服务项目。在成本共担方面，既指家校双方要共同为公益服务项目出钱出力，又指共同防范大学生公益活动中的潜在风险。高校和家庭要通力合作，加强安全教育、强化过程管理，做好流程控制等，确保学生在公益志愿服务中的身心健康和生命安全。

四、成果互益是动力

公益服务家校共同体的建构是为了把大学生培养成德才兼备、全面发展的时代新人。高校和家庭在培养对象方面是一致的，公益服务家校共同体的目标是通过公益服务育人成才，促进学生全面发展，因而家校双方的目标也是一致的，有着共同的利益基础。也就是说，学生成长成才是家校双方共同推动大学生公益活动的根本动力。这种动力需要通过家校公益服务共

---

① 参见［英］安东尼·吉登斯、菲利普·萨顿《社会学基本概念》，王修晓译，北京大学出版社2019年版，第116页。

同体的系统建构来维持，通过形成家校联动机制，促成学生、家庭、高校的共同发展。同时，还要通过学生、家庭、高校三方的共同努力，努力使大学生公益活动产出实践成果、精神成果和育人成果，并让这些成果惠及社区和社会。由此可见，学生公益服务家校共同体的建设，应嵌入家庭、融入生活、扎根社区。这就意味着，公益服务项目要与学生家庭的实际相适应，与学生家庭成员的生产生活相匹配，与学生家庭所在社区的环境相融合，让学生及其家庭成员能够真正参与其中。学生及其家庭成员共同参与设计公益服务项目，共同参与大学生公益活动，不仅能让学生公益服务更接地气、更加安全、更具团队感，在一定程度上还有利于家庭文化建设和优良家教家风的养成，也有利于社会主义核心价值观在家庭和社区层面的落地生根。

第二节　公益服务家校共同体的目标取向

大学生公益服务家校共同体的基本要义主要阐述"公益服务家校共同体是什么"的问题，目标取向则是分析"公益服务家校共同体为了什么"这个问题。公益服务家校共同体源于育人成才、成于家校合作、利于社会治理，这也是公益服务家校共同体的目标取向。

一、打造立德树人大团队

立德树人是高等教育的根本任务，高校所有的教育教学活动都应围绕培养时代新人而展开。公益服务对于大学生而言，既是一种社会实践，也是一种精神涵养活动，可以让大学生在参与公益服务中体悟奉献、友爱、互助、进步的志愿精神。大学生主动积极地参与公益服务，可以形成思想政治教育小课堂和社会大课堂的有机融合，让大学生"在做中学"，把社会主义核心价值观内化于心、外化于行。[①] 推动大学生参与公益服务，要设计好公益服务的主题，牢牢抓住实践育人这一主线，防范公益服务过程中的风险，强化公益服务的成效评估。做好这些工作，仅仅依靠高校辅导员或专业教师等学校方面的力量是不够的。公益服务家校共同体的建立，是为打造立德树人的大团队，既在高校层面形成全员、全程、全方位"三全育人"的格局，也着力营造家庭、社区、社会共同育人的良好氛围，把高校人才培养的"内循环"拓展为高校、家庭、社区、社会"四位一体"的大循环。因此，推动公益服务家校共同体建设的过程，也就是打造立德树人大团队的过程，从而创造性地把学生家长及其他家庭成员建设成为立德树人的"师资队

[①] 参见谢安国、纪安玲、陈卓《大学生思想政治工作专题研究》，人民出版社2019年版，第249页。

伍",推动形成有效的育人合力。

二、搭建志愿服务大平台

高校开展公益服务活动,如果能发挥大学生知识面广、假期时间多、精力充沛、视野开阔、有冲劲、有锐气等特点,将对经济社会发展和社会主义精神文明建设产生积极作用。但是,大学生也面临着资源有限、阅历不足、对社会认识不深等问题,这在一定程度上影响了公益服务的成效。公益服务家校共同体的建立,拓展了公益服务的空间维度,架设了高校通往学生家庭的桥梁。大学生公益服务由此从高校延伸到了学生家庭所在的社区,使大学生公益服务的物理空间超越了校园及其周边社区,为大学生公益服务提供了广阔的天地。同时,由于这个实践平台是由家庭和高校共同建设的,可以在更大的范围内动员更多力量参与其中。在数量方面,即使一位大学生只带动一个家庭成员参与其中,公益服务人数在原有基础上也将实现倍增。此外,从公益服务的时间维度看,由于大学生及其家庭成员的共同配合,公益服务在时间方面的持续性将得以延展。有了大学生及其家庭成员在公益服务方面的持续投入,大学生公益服务平台必将在原有基础上越做越大。

三、形成共建共享大格局

如上所述,培养德才兼备、全面发展的优秀人才是公益服务家校共同体建设的出发点和立足点。公益服务家校共同体的建立，将有利于学生、家庭、高校、社区、社会的一体化贯通，形成共建共享的社会治理格局。首先，公益服务家校共同体打通了从学生成才到家庭成长的路径。公益服务家校共同体实际上也是大学生及其家庭成员的学习共同体。大学生及其家庭成员共同参与公益服务活动，可以为社区和社会作出力所能及的贡献。在公益服务过程中，大学生能把所学知识应用到社会服务中，在巩固理论知识的基础上实现知行合一。相应地，社会服务可以让大学生学习到书本上没有的知识，达到以行促知的效果。在另一层面上，大学生及其家庭成员共同参与公益服务，可以增进家人之间的沟通与理解，这也将有利于强化家庭感情、促进家庭建设，在公益服务中培育优良家风。其次，公益服务家校共同体架起了从公益服务到公共服务的桥梁。随着大学生及其家庭成员公益服务的不断深入，他们对社区及社会的认识将不断深化，参与公共事务的能力和水平也能得到提升，其公共服务精神也将得以拓展。最后，公益服务家校共同体开拓了从社区建设到社会治理的通途。家庭是社会的细胞，家庭又是坐落在一个个社区当中的，家庭、社区与社会不可分离。家庭建设好了，社区的物质文明和精神文明建设就有了基础。由此，社会治理体系和治理能力现代化才能转化为每一位公民的思想自觉与行动自觉。

第三节　公益服务家校共同体的建设路径

大学生公益服务家校共同体的建设路径要服从和服务于立德树人、育人成才的教育目标。可以通过建立健全公益服务家长赏析制、公益服务家长导师制、公益服务家庭赞助制、公益服务家庭项目制等方式，推动大学生公益服务家校共同体向纵深发展。

一、公益服务家长赏析制

大学生公益服务家校共同体的关系脉络中，除了教师与学生、教师与学生家长之间的关系外，还包括大学生及其家庭成员之间的互动关系。通常意义上的大学生公益服务，高校、学生与学生家庭的联系并不多，参与其中的家庭成员更是少数。大学生公益服务家校共同体建设，首要的就是把家长吸纳到大学生公益服务体系中来。例如，可以鼓励新生在入学前结合自身实际参与力所能及的公益服务活动，这种公益服务活动可以是新生自己设计的项目，也可以是新生直接参与的社区公益服务等。然后把自己在公益服务中的所思、所行、所感、所得写下来，请家长进行赏析，并用书面的方式对新生的公益服务表现进行点评。由于需要以高校所规定的方式来完成公益服务的相关任务，新生及其家长普遍都非常重视。如此，新生家长在子女还未入校之前就已经对高校推动的公益服务有了第一印象，能够成为大学生公益服务的积极支持者和参与者，为接下来进一步做好大学生公益服务家校共同体建设奠定良好的基础。

二、公益服务家长导师制

公益服务家长导师制，聚焦于发挥家长在大学生公益服务中的行动指导、心理疏导和活动督导作用，以增强公益服务的有效性和安全性。尽管学生家长不一定是教育方面的专家，但他们在子女成长成才的过程中具有不可替代的作用。一般而言，大学生对自己的父母有着天然的信任，父母也乐于把自己的人生体悟、人脉资源等分享给子女。学生家长具有的丰富的社会阅历、宽广的人际网络、多维度分析问题的能力，正好是处于成长期的大学生较为缺乏的。大学生在遇到问题时，家长可以结合自身实际为子女提供有针对性的指引，这在一定程度上可以消解大学生公益服务中的安全隐患。家长是子女天然的老师，在为子女提供帮助和指导方面是全心全意、持续不断的，公益服务家校共同体建设应该用好家长这一独特优势，为大学生参与公益服务提供有力支撑，从而让大学生在服务他人、奉献社会的过程中拓展知识视野、坚定理想信念、提升能力水平，成长为对社会有贡献的人。

三、公益服务家庭赞助制

　　大学生开展公益服务项目需要多方面的资源，应动员各方力量。公益服务家庭赞助制，是指大学生的家庭成员作为公益服务资源赞助者的角色，在人力资源、经济资源、物质资源、场地资源等方面为公益服务提供支持。首先，大学生的家庭成员可以作为公益服务有效的人力资源。无论是大学生的父母还是其他家庭成员，在符合公益服务项目需要的前提下，与大学生所在的公益团队一起开展活动，可以为公益服务项目充实人力资源，增强公益团队的力量。其次，大学生的家庭成员可以在经济条件允许的情况下，为大学生公益活动提供经济方面的资助。经济资助可多可少、积少成多，能够为大学生公益服务项目解决部分资金问题。最后，除了出钱出力外，物质资源和场地资源也是大学生开展公益服务所需要的。对于这些资源，大学生家庭中的长辈成员显然会比学生本人更容易获取。如果大学生在开展公益服务时，能够得到家庭成员在资源方面的支持，公益服务的开展就会变得更加顺利，也能取得更好的成效。

四、公益服务家庭项目制

　　家庭是一个由血缘、婚姻或领养关系结合在一起的社会单位，包括父母、子女和其他共同生活的亲属。社会学家乔治·

赫伯特·米德把家人称为"重要他人"（significant others），因为家人对个人的影响最大。① 公益服务家庭项目制，是指以大学生及其家庭成员为主体开展的公益服务项目。按照公益服务项目发起主体的不同，公益服务家庭项目制可以分为三种类型。第一类是由高校主导发起公益服务项目，大学生及其家庭成员共同参与其中。在这类项目模式中，高校围绕立德树人根本任务，结合学生的专业学习设定公益服务项目的目标、路径和内容，由学生邀请家庭成员共同参与，从而达到实践育人的目的。第二类是由学生主导设计的公益服务项目，吸纳家庭成员共同参与。在这类项目模式中，大学生按照高校的人才培养目标或实践育人的具体要求，结合个人兴趣爱好和专业特长设计公益服务项目，并吸纳家庭成员参与其中。第三类是由学生家长主导推动的公益服务项目，学生及其家庭成员共同参与。在这类项目模式中，学生家长按照高校要求，结合自身和家庭、社区的实际，推动设置公益服务项目，并让家庭成员参与其中，在服务他人及社会的过程中，促进了家庭成员的共同成长。以上三种类型，项目设计主导方有所不同，但项目实施主体都是大学生及其家庭成员。

综上所述，大学生公益服务家校共同体建设，在理论上和

---

① 参见蔡文辉、李绍嵘《社会学概要》，世界图书出版公司2013年版，第42页。

实践上都具有很强的必要性和可行性。尤其是在我国大力推进国家治理体系和治理能力现代化建设的时代背景下，公益服务融入家庭、植根社区、普及社会就显得更为紧迫了，这也是新时代社会建设的应有之义。

下编 分类实施

第八章　儿童青少年公益服务

大学生是一群朝气蓬勃的优秀青年，他们的年龄与儿童青少年相仿，行为习惯也比较相似。与其他年龄段的人群相比，他们与儿童青少年沟通起来相对容易。因此，大学生开展儿童青少年公益服务具有一定的优势。

第一节　儿童青少年公益服务的内容

只有在了解儿童与青少年概念的基础上，才能为有需要的儿童青少年提供力所能及的公益服务。由于儿童青少年是处于不断发展的一个群体，他们的可塑性特别强，受到外界的影响也相对较大。因而，大学生在开展儿童青少年公益服务之前，也有必要了解儿童青少年专业社会工作的相关基础知识。

一、儿童与青少年的概念界定

心理学、人口学、社会学、法学等专业对于"儿童"和

"青少年"的界定都有所区别。例如,人口学把15～25岁定义为青年,14岁及以下视为少年儿童;社会学界定的青年期外延则扩大到30岁;在传统习俗中,人们也习惯定义"三十而立"。联合国《儿童权利公约》指出,儿童系指18岁以下的任何人,除非对其使用之法律规定成年年龄低于18岁。联合国《到2000年及其后世界青年行动纲领》(1995年)则认为,青年是15～24岁年龄组的人群。根据我国相关法律规定,已满18岁的为成年人,未满18岁的是未成年人。但我国学术界通常将儿童的年龄界定为0～14岁,国外的不同学者对儿童的年龄界定也各不相同。此外,根据中华人民共和国最高人民法院公布的刑事案例,其对青少年的年龄规定是25岁以下。

概而言之,对儿童年龄的界定一般是从生命孕育期起至14～18岁之间[①],而对于青少年的年龄界定则各不相同。本书所指的儿童,其年龄段为0～14岁,青少年则是15～25岁的人群。

二、儿童青少年社会工作服务

大学生参与儿童青少年公益服务,可以从儿童青少年专业

---

① 参见陆士桢《儿童青少年社会工作》,高等教育出版社2008年版,第1～2页。

社会工作服务中汲取有益的思想养料,寻找与大学生能力相匹配的公益服务操作路径。

顾名思义,儿童青少年社会工作以儿童青少年作为服务对象,是在相关儿童青少年发展理论的指引下,运用科学的方法和技术,帮助解决儿童青少年问题,满足儿童青少年需求,促进儿童青少年全面发展,进而促进社会和谐发展的服务活动。狭义上讲,儿童青少年社会工作是一种事后补救性工作,即以处于特殊困难境地的儿童青少年为对象,救助和保护未被抚养的儿童青少年,或者帮助存在各种问题的儿童青少年,如孤儿、残疾儿童、受虐待儿童、情绪或行为偏差的儿童青少年。广义上讲,儿童青少年社会工作指面向所有儿童青少年,既包括处于各种不同境遇的儿童青少年,也包括儿童青少年所有的成长阶段、成长发展中的所有问题,涵盖影响儿童青少年健康发展的各种社会因素,包括文教、卫生、医疗、权益保护等方方面面。①

儿童青少年社会工作需要具备较好的相关知识储备,由专业的社会工作机构进行,大学生了解儿童青少年社会工作的内涵,目的是提升他们组织或参与儿童青少年公益服务的能力与水平,使得大学生公益服务具有更强的针对性和实效性。儿童

---

① 参见陆士桢《儿童青少年社会工作》,高等教育出版社 2008 年版,第 7~10 页。

社会工作的主要内容包括推动有关儿童的立法、促进对儿童的养育、推动儿童教育、为儿童创造娱乐游戏的条件、儿童卫生保健、家庭服务中的儿童社会工作、儿童权益保护、对孤儿与被遗弃儿童的工作,以及残疾儿童的康复和教育①;青少年社会工作的主要内容包括思想道德品格辅导、心理及认知辅导、生涯发展辅导、就学就业辅导、生活方式辅导、人际交往辅导、行为偏差青少年矫正服务、弱势青少年保障服务②。

三、儿童青少年公益服务活动

按照服务目的,儿童青少年公益服务可以分为三种类型,即倡导型儿童青少年公益服务、发展型儿童青少年公益服务和治疗型儿童青少年公益服务。

（一）倡导型儿童青少年公益服务

倡导型儿童青少年公益服务就是以儿童青少年为对象的倡导工作,内容主要包括：推动有关儿童青少年的立法,在儿童青少年问题上为政府提供资讯和建议,促进儿童青少年的健康、教育,推动儿童青少年社会参与,保护儿童青少年权益,

---

① 参见陆士桢、王方、陈颖《中国儿童社会工作实务案例精选》,华东理工大学出版社2010年版,第4～5页。
② 参见陆士桢《儿童青少年社会工作》,高等教育出版社2008年版,第21～26页。

等等。①

（二）发展型儿童青少年公益服务

发展型儿童青少年公益服务是面向儿童青少年，以及影响儿童青少年发展的所有因素，以实现儿童青少年的身体素质、心理素质、社会性习得和自身特质的发展。②

（三）治疗型儿童青少年公益服务

治疗型儿童青少年公益服务是特殊的心理辅导、行为纠正、生活照顾等方面的服务。③ 治疗型儿童青少年公益服务需要在相关专业人士的指导下开展，以免给服务对象带来伤害。

第二节　儿童青少年公益服务的方法

儿童青少年公益服务的方式方法并不是一成不变的，而要根据实际情况进行选择。方法基于一定的理论假设，这就要求大学生志愿者加强自身的理论修养，综合使用个案、团体或社

---

① 参见陆士桢《儿童青少年社会工作》，高等教育出版社2008年版，第149页。
② 参见陆士桢《儿童青少年社会工作》，高等教育出版社2008年版，第175页。
③ 参见陆士桢《儿童青少年社会工作》，高等教育出版社2008年版，第190页。

区的服务方法，秉持尊重原则、接纳原则、沟通原则、个别化原则及系统性原则，最大限度地为有需要的人群提供服务。

一、儿童青少年公益服务的理论视角

可以从多学科视野对儿童青少年公益服务进行分析。总体而言，大学生志愿者开展儿童青少年公益服务，有必要从心理学、社会学及社会工作的视角分析服务对象及其特征，从而开展具有针对性的服务。

（一）儿童青少年服务的心理学视角

儿童青少年身心发展的一个突出特点是不平衡性，特别是处于青春期的青少年，身体的发展快于心理的发展。在面对激烈的社会环境变迁时，儿童青少年的心理往往受到强烈的震动和冲击。[1] 了解了儿童青少年的心理发展特点，才能为开展儿童青少年公益服务奠定良好的基础。心理学中涉及儿童青少年的理论主要包括弗洛伊德的精神分析理论、行为主义理论、认知理论、人本主义理论等。[2]

---

[1] 参见陆士桢《儿童青少年社会工作》，高等教育出版社2008年版，第176页。

[2] 参见陆士桢《儿童青少年社会工作》，高等教育出版社2008年版，第46页。

（二）儿童青少年服务的社会学视角

社会性是人的本质属性，儿童青少年的发展与所处的整个社会环境有着密切的关系，与儿童青少年相关的社会学理论主要包括偏差行为理论、角色理论、符号互动理论等。[1]

（三）儿童青少年服务的社会工作视角

社会工作把儿童青少年与其主要生活环境之间的交互作用作为研究范畴，主要有生态系统理论、社会支持网络理论、增权/充权理论等。生态系统理论认为儿童青少年可以从外在环境获得生存所需要的信息与资源，从而有效解决儿童青少年问题；社会支持网络理论重视利用与个案相关联的各种社会支持网络来预防和解决问题；增权/充权理论侧重于挖掘和激发儿童青少年的潜能，促进儿童青少年在自主、个人责任和自我实现方面的成长。[2]

二、儿童青少年公益服务的基本方法

儿童青少年公益服务的基本方法可以分为个案服务、团体

---

[1] 参见陆士桢《儿童青少年社会工作》，高等教育出版社2008年版，第53页。

[2] 参见陆士桢《儿童青少年社会工作》，高等教育出版社2008年版，第60页。

服务、社区服务等三大类型。其中，个案服务主要是针对个人的深度服务，团体服务是把具有相同或相似需求的儿童青少年作为服务对象，社区服务是以社区为载体开展儿童青少年的公益服务工作。

（一）个案服务

个案服务指以儿童青少年（多指问题儿童青少年）为服务对象，旨在帮助他们解决困难和问题，并预防产生新的困难和问题。个案服务最大的特点是一对一，可以把服务做得更加深入细致。

（二）团体服务

团体服务是以儿童青少年团体为服务对象，运用团体动力程序与团体活动过程设计技术，使参加团体服务的儿童青少年达到行为的改变，并促成他们的发展。团体服务既有对儿童青少年一般群体的帮助和扶持，也有从群体内部建设入手，对存在一定偏差倾向的儿童青少年的矫治。

（三）社区服务

社区服务即从建设社区、发展社区的角度入手，解决儿童青少年面临的问题，促进儿童青少年的全面发展。社区服务是一种综合性的服务，可以通过社区动员和居民自助的力量，也可以调动儿童青少年自身的积极性，实现自我服务与社会参与的统一。①

三、儿童青少年公益服务的基本准则

为了达到更好的服务效果，大学生志愿者在开展儿童青少年公益服务时应注意把握尊重原则、接纳原则、沟通原则、个别化原则以及系统性原则。

（一）尊重原则

了解儿童青少年所处成长阶段的特征，才能为这个群体提供相应的支持帮助。儿童青少年期是一个从不成熟的自我逐步走向成熟的自我的过程，这一时期常见的是伴随成长发生的各类问题。② 大学生志愿者应了解服务对象的行为特征及其需求，尊重儿童青少年的权利，相信他们所具有的发展潜能，并应用科学的工作技巧，通过精心设计和安排的公益服务项目，对有需要的儿童青少年进行帮扶，才能获得良好的效果。

（二）接纳原则

接纳就是无论服务对象目前的处境如何，志愿者都能以无

---

① 参见陆士桢、王方、陈颖《中国儿童社会工作实务案例精选》，华东理工大学出版社2010年版，第5～6页。
② 参见陆士桢《儿童青少年社会工作》，高等教育出版社2008年版，第32～38页。

差别的态度、非批判地接受他们。只有如此,才能赢得儿童青少年的信任,为公益服务的开展建立良性互动的基础。

(三) 沟通原则

沟通并不局限于与服务对象,还应包括与服务对象相关联的环境及其他重要关系人,目的是通过沟通了解服务对象,以促进问题的解决。

(四) 个别化原则

每个个体都有不同的成长经历,不同个体对待同样境遇所表现出来的心理特质也不尽相同。应将每一位儿童、青少年视作唯一独特的个体,即使在开展群体服务时,也应注重个体的特殊需求,可以根据个体不同的情况定制个性化的服务。

(五) 系统性原则

人与环境是相互影响的。大学生志愿者开展儿童青少年公益服务时,应坚持系统性原则,强调综合分析,着眼于整体社会的影响。[①] 当然,把握系统性需要从愿意接受的儿童青少年群体开始介入,从容易改变的地方开始着手,从微小的方面开

[①] 参见陆士桢、王方、陈颖《中国儿童社会工作实务案例精选》,华东理工大学出版社2010年版,第15~16页。

始改变，进而慢慢改变整个社会生态系统的状况。

第三节　儿童青少年公益服务的实施

儿童青少年公益服务的实施要从了解他们的需求入手，从而建立相互信任的关系。在服务过程中，大学生志愿者要注意倾听、分类介入，并对服务过程和服务结果进行评估。

一、了解需求

对服务对象的需求进行评估，了解服务对象的情况，通过多种途径了解服务对象所处的社会环境、具体的生活环境及其基本情况。需求评估要回答公益服务项目运行所需的社会条件以及项目需求程度等问题。简单而言，就是收集服务对象本身的资料及其相关环境的资料，然后通过分析进而评估服务对象的需求，服务对象的需求可以从一般需求、整体需求、阶段需求、特殊需求等几个层面进行评估。对服务对象的需求评估应涵盖公益服务项目设计及实施前的准备阶段，以及项目实施过程中的实时跟踪阶段。

二、建立关系

与儿童青少年接触并建立公益服务的工作关系时，首要的是学会如何更加有效地进行沟通。① 可以从以下六个方面进行尝试：①真诚交流。儿童青少年更愿意与那些令他们感到温暖和信任的人进行交流，交流的时候态度友好、开放、同情很重要，最重要的是对他们要真诚。②表示接纳。要对儿童青少年的话语的含义进行复述和总结，同时要表示关爱、同感和接纳。③注重语态。说话的语气、表情和肢体语言甚至服装风格都会影响到与儿童青少年的交流的效果。④表达支持。成年人要站在儿童青少年的角度和立场表达意见，他们不喜欢被评判、被批评，也不喜欢被"问题化"。⑤寓教于乐，即在活动中交流。儿童青少年更喜欢游戏、绘画或其他活动，而不是"坐在那里交谈"。⑥赋予机会。给予儿童青少年选择及思考的空间，即他们有权利选择是否和如何介入活动的过程，应给予他们足够的时间和空间思考和谈论自己的想法。

三、积极倾听

倾听儿童青少年的心声是儿童青少年公益服务的基础，大学生志愿者为儿童青少年提供服务时应注重倾听，充分考虑儿童青少年的年龄或特殊情况，切勿将成人或团队的主观意愿强加给他们。倾听主要包括三方面的含义：①儿童青少年有被倾

---

① 参见［英］奈杰尔·托马斯《儿童青少年社会工作——照管社会工作理论与实践》，田国秀等译，中国人民大学出版社2010年版，第25页。

听的权利,在会影响到他们的事项上应该保障他们说话的权利;②儿童青少年的愿望应该被理解,他们的观点应该被考虑;③倾听儿童青少年的心声有利于作出更好的决定。①

四、分类服务

大学生志愿者可以根据所学专业的特点、自身技能或公益团队特点、关注或熟悉的领域等选择服务对象及服务范畴。由于儿童青少年公益服务的对象具有较大的特殊性,部分服务工作需要具备专业的知识技能才可以实施,例如,针对情绪或行为偏差的个体或群体,需要具备心理学、医学、社会学等专业知识才能进行辅助服务。因此,大学生志愿者在选择服务对象时,应充分考虑服务对象的特点以及自身或公益团队的能力,合理选择服务对象。

(一) 倡导型公益服务的开展

明确倡导型公益服务的逻辑前提是儿童青少年的弱势地位,需要外部力量来帮助他们主张其权利、表达其观点、提出其诉求。② 大学生志愿者在进行倡导型公益服务时,应首先确

---

① 参见 [英] 奈杰尔·托马斯《儿童青少年社会工作——照管社会工作理论与实践》,田国秀等译,中国人民大学出版社2010年版,第22～23页。
② 参见陆士桢《儿童青少年社会工作》,高等教育出版社2008年版,第151页。

定关注的群体及范畴，了解现行的法律或社会保障体系。开展工作时，可以为相关专业社会工作机构提供辅助服务，也可以进行社区宣传教育服务。

倡导型公益服务包括儿童青少年社会政策倡导、儿童青少年权利倡导。其中，儿童青少年权利包括生存的权利、受保护的权利、发展的权利以及参与的权利。此外，倡导型公益服务可以从社区入手，即动员社区居民参与，营造有利于儿童青少年成长发展的环境，动员一切资源服务于儿童青少年。

大学生志愿者进行倡导型公益服务的方式可以是：①调查研究特定类型的儿童青少年的基本情况及其需求、存在的问题、相关的社会因素，为相关政府部门或专业社会工作机构提供有用的资料；②通过社区服务，如健康检查、优化儿童青少年的生活环境、宣传义务教育法、普及家庭教育的科学知识、宣传现代化的教育思想等方式，改善儿童青少年成长的社会环境；③帮助儿童青少年学会自我保护的技能，学习法律法规以实施自我保护；④通过多种形式在社会上宣传儿童青少年的形象、需求、权益和问题。

（二）发展型公益服务的开展

儿童青少年发展指儿童青少年在社会生活和教育条件等多种因素的影响下，个体、心理、情绪、行为等不断变化和成熟的过程。大学生志愿者在开展发展型公益服务时，要学会用专业的方法、技术，挖掘儿童青少年的潜力，帮助他们解决发展障碍，提高其社会适应能力，改善其成长环境，促进他们更好地发展。①

发展型公益服务的内涵广泛，它可以涵盖影响儿童青少年发展的所有因素。发展型公益服务有着广泛的社会功能，因此具有重要的实践意义。同时，发展型公益服务在本质上更强调助人自助，甚至可以由此扩展公益服务的对象，把服务领域延伸到影响儿童青少年发展的父母、教师等人群。

大学生志愿者为儿童青少年提供发展型公益服务的方式包括：①为儿童青少年提供智力发展辅导；②为儿童青少年提供心理健康辅导；③为儿童青少年提供人际交往辅导；④为儿童青少年提供价值观发展辅导；⑤为儿童青少年提供休闲娱乐辅导；⑥为儿童青少年提供生理健康辅导；⑦为青少年提供就业辅导；等等。

（三）治疗型公益服务的开展

治疗已从专门的医学用语逐渐被引入心理学、社会学等领域，治疗型公益服务的目标之一是帮助服务对象实现自身发展，因此，也强调以发展带动治疗的工作方式，遵守平等、保

---

① 参见陆士桢《儿童青少年社会工作》，高等教育出版社2008年版，第176页。

密等工作原则。

大学生志愿者为儿童青少年开展治疗型公益服务的方式包括：①为家庭功能不健全的儿童青少年提供服务，家庭功能不健全指单亲家庭、存在家庭暴力的家庭、父母有缺陷的家庭、教育方式不当的家庭、贫困家庭等；②为残疾儿童青少年提供服务；③为孤儿提供服务；④为流动人口中的儿童提供服务，包括留守儿童和流动儿童；⑤为流浪儿童青少年提供服务；⑥为有情绪问题的儿童青少年提供服务；⑦为有偏差行为的儿童青少年提供服务；等等。

五、开展评估

这里所指的评估，是公益服务项目实施中的过程评估以及项目完成后的结果评估。公益服务过程评估要回答项目的操作、实施以及服务送达等问题。其中，服务送达的评估即在实施阶段采取了何种方式为服务对象提供了何种帮扶，如采取的是个案干预方式、团体活动方式还是社区服务方式等。结果评估要回答公益服务项目产出和影响等问题，可以从投入情况、服务提供状况、短期效果、长期影响等几个方面对公益服务的效果进行评估。①

---

① 参见［美］戴维·罗伊斯等《公共项目评估导论》，王军霞、涂晓芳译，中国人民大学出版社 2007 年版，第 2～3 页。

第四节 儿童青少年公益服务的案例

一、牵手之旅①

(一) 项目缘起

四川省阿坝州水磨镇在5·12汶川地震前占地面积88.44平方公里，人口有12000余人，共有18个行政村、1个居委会。震前，水磨镇经济以工农业为主，位于镇中心的重工业厂矿有40余家。地震中，重工业厂矿遭受一定损失。广东省佛山市作为水磨镇对口援建城市，在震后帮助水磨镇重建。在重建方针的指导下，将之前的重工业厂矿迁出，引入高校（阿坝师范学院）；在经济发展中也确立了以旅游、文化产业为主的模式，将水磨镇打造成了"汶川生态新城，藏羌文化名镇"。

水磨镇共辖18个行政村。此次公益服务，志愿者探访了水磨镇的7个高山村落，分别是白果坪、高峰村、黑土坡、大槽头、寨子坪、衔凤沿、白石村。7个村落的经济状况不一，

---

① "牵手之旅"引自中山大学"亚德客"社会公益实践项目报告。团队成员为汪雪莹、杨蕾、刘爽、陈胤挺、刘听雨、徐泉山、贺红霞、刘畅、欧林林、阎佳薇、陈森、王子杰等。

但是经济状况越好的村子,其村民住所的距离越近;相反,经济状况较差的村子,村民间住得较为分散,特别是高峰村,其中一个组甚至远离整个村子。

(二)水磨镇概况

1. **教育状况**

水磨镇现有幼儿园、小学、中学、大学各一所,被称为汶川的教育文化中心。其中,八一小学紧邻禅寿老街,是5·12汶川地震后由中国人民解放军第二炮兵援建的。八一小学现有教学班16个,学生587人,教职工74人;整个学校分为教学区、运动区、生活区及辅助教育区,教学设施配备齐全。水磨中学位于寿溪湖畔,是广东佛山、香港特区援建的一所初级中学。水磨中学主要招收三江、水磨辖区的学生,同时招收红原、阿坝牧区异地办班的学生,实施双语教学;现有教学班28个,学生1246名(双语班学生717人),教职工62人。一个小镇拥有幼儿园—小学—中学—大学这样完整的教育体系,这在全国范围都属少有。

但水磨镇儿童青少年的真实教育状况却不如硬件设施一样令人满意,主要存在以下问题:首先,低龄儿童因为学校离家较远而不得不住校,如水磨小学有六成的儿童寄宿。"低龄寄宿"最大的受害者不是教师和家长,而是学生。高山村落的孩子有很大比例是留守儿童,父母在外打工使他们失去了亲情的关爱，而六七岁的年龄就独自住进学校，又意味着他们不得不与整个家庭分开。留守儿童在全封闭的学校里独自成长，与父母隔离，与家庭隔离，与居住的自然村落隔离，与社会相对隔离。其次，由于集中办学和寄宿制，"家庭教育与学校教育严重分离"的问题也突显出来。中小学教育决定了一个人的成长和命运，它还需要良好的家庭教育的配合，需要学校和家庭基于一定共识上的交流与合作。但是在水磨镇，村落中的家长很少有机会到学校了解情况，对学校的教育方式和内容更没有任何批评及建议的权利。最后，水磨镇是一个汉藏羌三族融合的地方，民族特点显著，这也成为震后水磨镇主打"文化、旅游"的一大优势。然而，水磨镇的大多数孩子对本地文化并没有较深的认同或认知。虽然水磨羌城有很多富有民族特色的建筑，但是孩子们不明白他们面前的房屋及其雕饰风格的来源与含义。学校的课程，语数外文体都是为考试而设的，学生为升学而学。没有人去引导孩子观察自己身边的环境，更不会想到地方文化的传承和革新。

2. 医疗状况

随着新医保的开展与落实，水磨镇的村民基本都拥有医保，而且场镇中心就有汶川县中医院，附近的村民就医比较方便，而且价格便宜。但是，高山村落的村民真正能享受良好医疗资源的可能性较低，因为高山村落距离医院很远，而且居所偏僻的村民数量不在少数。实际上，汶川县中医院也不能满足村民的所有需求。访谈中,多位村民提到当面临重大疾病时,他们不得不去都江堰甚至成都医治。小病因为距离原因而选择自己扛过去,大病因为医疗资源不足而前往大城市。对于水磨镇的一部分村民而言,生病时,汶川县中医院从未列入他们的选择。

3. 交通现状

驱车从都江堰到水磨镇只有一条较为方便的公路。这条公路东接成都平原,西通川西山区,可谓要道。但是又因它的独一无二性,隐患存在其中,如地震时一旦发生滑坡、泥石流等情况,那么唯一的线路就会被阻断,救援将严重受阻。公路沿山傍河而修,两旁的山谷多有石块裸露,一旦地震或强降雨,塌方、滑坡的发生率都很高;遇到暴雨,河流大涨,道路被淹的危险也存在。

(三) 服务纪实

1. 8月1日——培训交流会

当天主要进行了全体服务人员的培训交流,并进行了第一次个人能力探索。大家围成一圈,通过随机抛掷布娃娃来决定需要被介绍的人员。这之前先进行了两轮陌生人相互认识并交换身份的活动,取得了很好的效果。所有参与者,包括八一小学的小学生志愿者,都在短暂的互动活动里认识了许多人。之后,社工站负责人宣布启动"天使计划",要求大家随机从箱子中抽取含有队员姓名的卡片并默记下来，将其当作自己的"天使"，在接下来的服务活动进程中，要一直关注自己的"天使"并暗暗帮助他（她），但是不能让对方知道自己的身份。

下午两点，我们进入活动正式准备环节，社工很细致地介绍了他们在汶川地震两个月后就马上开始在水磨镇做的社会服务工作，展示了四年多以来他们的服务历程和成果——前期是对居民的基本经济的恢复建设，此后主要是精神层面的恢复和重建。最后，社工介绍本期服务活动的内容，由医学院学生主持血压测量与体检，并让每个参与者都试着使用电子血压仪。大家兴致都很高，互相测量，直到下午6点还未结束，所以预定的四个流动站服务预演推迟到晚上进行。

限于器材原因，一些活动都重新调整了流程，特别是原定的化学实验计划（化学用品是禁止擅自长途运输的），最后"出台"的是吹气球游戏与异域风情站的"给提示猜答案"游戏。这些游戏活动得到大家的一致好评。至此，四个流动站的服务活动安排基本确定。

2. 8月2日——访白果坪村

正式的服务活动开始了，我们A组第一小分队的首站便是白果坪村第一组。白果坪村位于水磨镇上游的山谷间一侧，与白石村隔着峡谷水流相望，而白石村正是B组的第一站。

要经过山谷，必须通过一座破旧的水泥桥，约有30米长。

第八章 儿童青少年公益服务

过桥后，往下走是白果坪村一组，往上走是二组和三组。我们往下去，至此，大部队已经分散行动了。白果坪村一组的居民分布相对集中一点，很可能的一个原因是这里山坡非常陡，坡度达到60度以上，所以居民只能在谷底的小片平地建房。因此，当地交通较为方便，不用爬山便可以到达公路前往水磨镇。一组的居民生活条件普遍较好，时常可以看见一些小汽车停靠在住户房子旁边。

第一位服务对象是位老奶奶，她非常热情地邀请我们坐下来拉家常。老奶奶家庭条件不是很好，房子在震后只是做了简单翻修，房前小院里到处都是乱石和碎瓦片。我们家访返程时又见到她正在读初中的孙女，身材很瘦小，头发大体整洁，两鬓有些凌乱，是一个勤劳的乡村小姑娘形象。她一看到我们打招呼就用手挽了挽头发和我们聊开了，聊的内容包括生活和学习等方面。

我们向上边走去，来到一位正在切猪草的婆婆家，她微笑地接待了我们，不是很健谈。但我们交谈得较多的是老年人健康的话题，因而她也很乐意回答。再向上的一户人家条件很好，普通话也说得比较标准，我们打招呼后得知她家里没有老人和小孩，但是这家的大姐很高兴地为我们指引道路，指明哪边有老人或者中小学生居住。在与一位老人家聊天与体检之后，我们来到一户有孩子在读书的家庭，这家的大婶一听说我们的来意，便领我们进客厅和正在看电视的读初中的孩子见面，并马上送来几杯茶水。

3. 8月3日——访高峰村

我们奔赴水磨镇面积最大、居住人口最分散、也是海拔最高的村庄之一——高峰村。高峰村的范围从山地的沟谷一直延伸到山顶，山腰的住户间隔很大，上山的公路也非常陡峭，我们A组三个小分队直到下午6点才基本将高峰村第五组、第一组、第二组和第三组探访完。高峰村有许多居民住在山林中，离公路有一段距离。沿着弯曲的公路直上，我们看到这里几乎只种植玉米，农作物的品种显得很单调，梯田像围裙似的一圈圈挂在山腰上。这里的地质以滑石和石灰岩为主，当地农民只要找到一块能种植的地方就会充分利用起来。

山脚下临近公路的地方错落分布着一些平房，有几家在临街处开起了小卖部。在山脚处，我们访问了三位老人，为他们进行了简单的体检并提供了一些生活饮食建议。除了一位中风后不良于行的老人，其余两位老人都走出家门送我们。我们一路上探访到的高峰村老人，有的乐观自得，有的文雅安详，有的刚毅正直，有的热情大方。特别是一位老党支部书记，把政府政策与村里发展等情况给我们作了详细介绍，并坚持送给我们当地的茶叶（卖茶叶所得是当地居民重要的经济收入之一）。访谈每一位老人时，他们都热情地招呼我们坐下并请我们喝茶。

4. 8月4日——高峰村学生服务

第三天开始进行针对学生的服务。由于高峰村居民分散居住的特性，住在村委会旁边的学生数量很有限，经过分队动员，来了一批年龄差距较大的"学生"——有的刚学会走路，有的刚上幼儿园，有的已经读初三了。

村委会外围是一圈铁栅栏，主体建筑为两层的水泥楼房，每层有三个房间，里面是会议室，桌椅等较为齐全。楼房前是一个小院子，较为空旷，边沿处有一系列健身器材，器材生产日期是2010年。水磨镇所有村的村委会建筑大致相同，包括房屋外形构造和健身器材。村委会旁有卫生间和村务宣传栏，宣传栏介绍了村干部和党员的情况以及村里的收支情况，但从纸张的颜色来判断，应该有很长一段时间没有更新了。

我们打开音箱播放音乐，村民带着小孩陆陆续续赶过来。由于孩子到达的时间参差不齐，而且人数较少，我们组织他们一个一个地"通关"，并没有安排组队进行游戏。"通关"游戏结束后，派发奖品时现场比较混乱。我们是根据"通关"证明，一人一份地进行奖品派发，但是有些孩子领了奖品后把奖品藏起来并重复领取。最后，所有到会的学生和工作人员合照留念。

5. 8月5日——访寨子坪村

由于前期活动了解到参与活动的人群以二、三年级的小学生为主，每村参加的人数也较少，我们将寨子坪村与黑土坡村这两个相邻的自然村合并进行村落探访与服务。这两个村子都离镇中心较近，而且居民居住相对集中。我们从八一小学出发，步行到寨子坪村。

我们进入一个小院子，这是一幢经过翻修的房子。一条黄狗见我们进了院子就吠个不停，我们连喊几声后，出来一位穿着很朴素的女孩，大概十四五岁的样子，我们交谈了一阵，得知她刚刚初中毕业。我们决定进屋里详细了解情况。穿过房屋右边简陋、黑暗、低矮的厨房，来到大约10多平方米的客厅，客厅里有一台彩电、一张破旧沙发和旧的木椅，沙发上坐着女孩的父亲。我们说明是来登记水磨镇学生信息的，社工站会在汇总家庭经济困难学生情况后联系外部助学机构予以资助。这位大叔看到我们几个大学生，也坦言孩子考上了都江堰的重点中学，但是学费很贵，家里正在积极筹备。我们拿出表格让这位女孩填写家庭成员的信息。之后，我们还谈了些有关学习方法的话题，女孩很高兴，但只是点头，很少主动说话。

6. 8月6日——寨子坪村学生服务

要第二次奔赴寨子坪村了。路途比较远，我们携带物资乘面包车前往目的地。绕过十八弯的盘山公路后，我们在村委会门前下了车。

村委会旁边有几户家庭，我们从旁边经过时，昨天很积极地带我们探访老人的小朋友很激动，马上加入我们动员中小学生参加活动的行列。我们还是像昨天一样挨家挨户邀请，但是有了昨天走访的基础，我们已经大概了解到了中小学生的分布情况。加之小朋友带路很"给力"，我们很快就通知到了周围的几乎所有住户（屋里没人的除外）。

我们返回村委会时，已经有三四个小朋友在等待我们的活动了，各个活动站点也已经准备就绪，几张长凳已经搬到户外的空地上了。但在这时，天色却暗了下来，突然下起了雨，我们几位男生马上将活动物资收进室内。我们马上协商将活动转移到室内举行，屋檐下可以放两张桌子组成两个活动站。雨越下越大，但小朋友的热情不减，又增加了好些人，这让我们倍感欣慰。特别是一些家长专门带着孩子一起过来，有些还是从两三里远的山脚下爬上来的。

因为工作人员相对较少，各活动站点准备得也不太充分，我们赶紧取出一些白纸，给孩子们每人一张，说：一起来制作象棋吧！大家兴致很高，我们慢慢地将一张A4纸对折撕开又对折撕开，直至将其分成16张小纸条，用每张纸条折成一个方形小纸片。我们每折一下就返回一次给小朋友们看并讲解折法，折完两个后，小朋友们差不多都学会了。然后开始画棋盘，一画完，几个小朋友就开始下棋了。

雨还是很大。活动站点全部准备妥当后，我们就开始组队进行"通关"游戏了。制作好队旗，给各个小队命名后，孩子们沿着屋檐跑来跑去地玩游戏。最后，大家兴致勃勃地拍照留念。活动结束后，我们用10多分钟打扫卫生，恢复桌椅位置,大家兴奋地边聊天边上车返回八一小学。

二、湾仔孤儿学校支教活动[①]

中山大学爱心同盟(以下简称"爱盟")支教部一直践行着爱盟的行动口号——奉献爱心心连心,服务社会人与人。通过支教部这个窗口,我们把爱心传递到了山区,传递到了那些贫困的农村学校;用朴素的行动给孩子们带去了知识,更带去了关爱和欢乐。广西,广东茂名、增城、云浮、从化……爱盟的足迹已经留在了很多地方。我们留下了爱,更收获了爱。2012年9月5—13日,爱盟发起了"启航行动——湾仔孤儿学校支教活动",旨在通过支教以及举办趣味活动等,为茂名电白香港湾仔学校的学生带去知识和关爱。

(一)项目地点

电白香港湾仔学校2000年3月18日奠基,2000年10月28日正式落成并投入使用,2003年起开始招收孤儿(只招收孤儿),2006年第一届学生毕业,是广东目前唯一一所完全为孤儿开办的学校。该校占地24亩,有4层半的教学楼一栋,

---

[①] "湾仔孤儿学校支教活动"引自第十届中山大学"亚德客"社会公益实践项目报告。团队成员为李嘉乐、王诗琪、邱列君、陈大龙、陈茜、袁莉莉、郑倩倩、朱文标、闫琳琳、谭惠贞、赖兆媚、姜雨豪、谢蔚、佘安琪、李林溪、曾令祺等。

初一和初二的教室里各有电视一台，有宿舍楼一栋（男生住一楼，女生住二楼，教师住三楼），宿舍每间住12人，有独立的阳台、厕所和浴室；另有公共厕所一座，两层食堂一栋，篮球场一个。

2008年，学校有电脑3～4台（无法连接网络），后来新增电脑室一间，配置了大概30台电脑，但是多数状况不好，配备不齐，只有讲台的主电脑可以联网。图书室一间（有杂志近2000份，但没有书籍），仅两部公共电话（200电话卡则需学生自己买），另外还有一套音效设备（为办活动、晚会等特地购置）。全校共有乒乓球桌1张，乒乓球拍若干，篮球3个，足球3个，少量跳绳、呼啦圈、垫子等。学校无医务室，无专业医生，只有医疗箱（学生一般的感冒等只是随便吃点药，且药物种类不足）。除少数政府补贴外，大部分物资为社会热心人士捐赠（尤其是深圳电白同乡会，多次大力资助，还资助成绩好的毕业生去深圳读书）。每年学生生活费总计约22万元。近几年的经费情况不容乐观。

（二）可行性分析

首先，项目本身具有吸引力。成员的招募面向中山大学广州校区东校园的全体学生，人数超过15000人，而且思想素质普遍较高，很多同学对暑期类似支教的社会公益实践活动表现出浓厚的兴趣。另外，茂名距离广州较近，交通方便，对于广州籍的学生有着很强的吸引力。

其次，项目主办方具有较为丰富的经验。爱盟人力资源丰富，凝聚力强，并且，作为一个成立较早的公益性学生团体，爱盟在多年的公益活动中积累了丰富的工作经验，主要表现在公益活动方面的准备和操作能力上。爱盟的活动一直得到中山大学和社会的广泛支持，对于组织募捐这类活动，在全体师生中也有一定的影响力。爱盟的工作作风以低调、谨慎、埋头苦干为主，在同学中有不错的口碑，也具备一定的号召力，所以能高效地完成这项工作。

最后，活动实施具有可行性。爱盟支教部将主要负责本次支教活动的前期策划、队员招募以及具体实施工作。网宣部的宣传单设计及分发可在规定时间内完成，突出活动主题的海报也可以及时张贴，公告发布以及网络宣传也会同步开始。秘书部会全程跟踪记录准备工作，遇到难题可以及时上报、尽快解决。另外，义工部也有很多可支配人员，在物资准备、活动现场组织与安排方面可以协助其他部门工作。

（三）项目进程

湾仔孤儿学校支教活动的项目进程如表 8-1 所示。

表8-1 湾仔孤儿学校支教活动项目进程

时　间	活　动	备　注
6月30日	队员招募	通过海报宣传和微博宣传两种方式进行队员招募,最终报名人数超过70人
7月10—13日	初步面试	加入了情景面试环节,考察队员的临场应变能力
7月16日	试讲面试	让面试者自行设计教案并进行10分钟试讲,考察面试者的讲课水平,从中选取高水平队员。最终成立了由16人组成的支教队
7月22—23日	队员培训	特别邀请了中山大学著名教师古南永老师和心理咨询室龚艳老师对支教队队员进行了相关培训,从孤儿心理方面教导队员如何与学生进行有效沟通,支教队队员受益匪浅
7月25日—9月1日	教案设计、活动策划	
9月4日	前往茂名电白湾仔孤儿学校	

（续上表）

时　间	活　动	备　注
9月5—13日	授课	授课内容精彩多样，包括医疗卫生知识、生活中的经济学、礼仪课、思想道德、化学实验、听歌学英语等特色课程
9月8日	趣味篮球赛	
9月9日	趣味运动会	中山大学爱心同盟支教队品牌活动
9月10日	教师节创意黑板报	
9月12日	茂名达人秀	给予同学们展示自己的舞台，秀出自己的才艺
9月13日	返回中山大学	
9月15日	联系《茂名日报》及《新快报》	刊登支教成果
9月18日	支教成果展	中山大学爱心同盟支教队品牌活动

（四）精彩回顾

这几天的时间里，志愿者举办了趣味运动会和篮球赛等一系列活动。在活动过程中，孩子们热情高涨，志愿者们亦激情四射。

活动当天晚上，孩子们在日记中写下的话就是给他们留下美好记忆的见证。一个孩子说："今天的趣味运动会真的很开心，我参加了其中的一个项目，虽然最后结果我们班没有得到最好的成绩，但是哥哥姐姐们给我们带来的欢乐，同学们努力争先的热情让我感到非常幸福……"也有一个孩子这样说："阳光明媚的早晨，我们的欢呼声打破了清晨的寂静，我们在哥哥姐姐们的带领下已经开始了精彩的活动，虽然时间很快就过去了，但是我会一直记得哥哥姐姐们陪我的时光，因为这是我这些天来最快乐最自在的时光……我要好好学习，以后像哥哥姐姐们一样给更多的人带去欢乐。"

孩子们都深深地感受到了志愿者给他们带去的欢乐。在活动中，他们充分地展示了自己的精神风貌，使他们参加活动的能力大大提高，也增强了他们的自信。当然，更重要的是活动给孩子们带来了乐观向上的精神风貌。

（五）项目推广

此次支教活动主要通过四种方式进行推广：①平面媒体。

支教队联系了《茂名日报》和《新快报》两家平面媒体在支教后对支教成果进行刊登报道。②支教成果展。支教成果展是爱心同盟支教队的品牌活动，将在中山大学进行支教图片、视频、队员感悟的展示。③校际交流。依托于爱心同盟这个良好的品牌，与几所高校保持长期、密切的合作关系。④网络推广。通过微博进行宣传，也是此次支教成果展示的重要环节。

三、相·信·爱[①]

（一）项目释义

江西省赣州市定南县天九镇洋田村，一个几乎没有人知道的名字。你知道它吗？

——它是《国务院关于支持赣南等原中央苏区振兴发展的若干意见》关注的那片亟待发展的苏区一角；

——它是定南县中人均收入排在中下的村落；

——它是总人口只有1180人，但留守儿童却超过270人（几乎占了全村人口的1/4）的留守儿童聚集地；

——它更是生养我们的土地，是以贫瘠的身躯滋养起我们健壮体格与健全思想的地方，是我们心心念念、魂牵梦萦的

[①] "相·信·爱——为留守儿童摄影计划"引自中山大学"亚德客"社会公益实践项目报告。团队成员为刘雨凝、朱婷、陈盛、林子皓、吴晓敏、罗琪琛、倪媛媛、颜克明、赖利明、舒雷、李法强等。

故乡。

留守儿童由于缺少父母的陪伴,更由于农村的思想观念问题,他们的童年难以拥有一张属于自己的照片来记录美好的时光,记录走过的或艰难或幸福的岁月。"相·信·爱——为留守儿童摄影计划"希望通过为他们拍照,为他们保留一张独有的照片,来传达内心深处对他们特有的关爱。除了拍照之外,我们还会将孩子的相片制成明信片,寄给他们在外地工作的父母,给父母留下一份情感寄托,同时也提醒在外打工的父母们多些关爱留守家乡的孩子。与此同时,在深圳的同学将找到孩子们在深圳打工的父母,记录下他们工作、生活的场景,并制作成明信片寄给孩子,以达到情感上的互动。用相片、明信片来诠释温暖之爱,这便是本公益项目"相·信·爱"的含义。

(二) 前期准备

在克服了重重困难之后,我们的"爱之旅"终于启程了。

8月23日上午,我们带着礼物和相机到达了活动地点。学校很简陋,就是一个不大的院子,坑坑洼洼的水泥地面,教学楼分布在院子四周,一栋的屋顶是木制的,另两栋是两层高的水泥平板屋。村中的所谓"政府大楼"甚至就隐藏在学校之中。前期与学校联系好的17名留守儿童看到我们,羞赧地笑着蹦跳着跑开,男孩一伙,女孩一伙,聚在远处偷看我们。

队员中善于交流的同学便走过去，很快就与单纯的孩子们打成了一片。有一个叶姓女孩在玩的时候摔伤了，我们的一名队员马上陪她去诊所包扎，回来的时候，她们便已经非常亲密了。无论两个人多么陌生，真切的关爱都能在瞬间拉近你我的距离。贫穷并未掩盖这些孩子们单纯、善良、热情的天性，相反，让这些宝贵的品质在他们纯净的笑脸中显得更加动人。校长向我们讲述着学校和孩子们的基本情况，眼神中流露着浓浓的关爱，这位老校长对于学校 100 多名孩子的情况了如指掌，甚至清晰地记得谁偏了哪一门科目。可是，谈到孩子们的生活的时候，他的眼中却流露出无奈。的确，孩子们缺少的是父母的关爱，这是谁也无法弥补的童年缺失。

为更好地了解孩子们的家庭状况和整体生活状况，当天下午，队员们分成两个小组，分别去孩子们的家中做简短的家访，并带去了我们事先准备好的文具等学习用品。弯曲的田间小路连接着孩子们的家和学校。他们大多和爷爷奶奶生活在一起，每天一个人或结伴行走在路上，没有父母接送，而爷爷奶奶都已年迈。住得最远的一个孩子家离学校十几公里，每天需要在乡间的路上来回奔跑两个小时。每到一家，孩子们都懂事地给我们端来茶水，并羞涩地介绍着一目了然的屋内设施与年迈的老人、年幼的弟妹。在整个家访过程中，老人们反映最多的是孩子父母在外工作的艰辛、收入的微薄，以及在教育孩子时由于生活环境的不同而产生的隔阂。每当看着老人们或无奈或悲伤的表情时，懂事的孩子就在一旁默默流泪。

晚上回到住宿点，队员们聚在一起，整理了下午家访的录音，并交流一天的体会。队员朱婷的一句话，道出了我们每个人的心中所想：我们的到来，给孩子们带来了快乐，带来了他们生活的世界以外的东西，为他们打开了一扇看向外面的窗户。

（三）活动开展

按计划，我们要给孩子们拍个人照。当我们准时到达学校时，孩子们早已在那里等候。经过一段时间的相处，孩子们已不会那么羞涩了。看得出来，每个孩子都尽量穿上了自己认为最好看的衣服。我们不时地逗逗他们："曾××，你穿这件衣服真帅。""哎呀，张××真像一个小公主。"在一间教室里，我们围成一圈坐着，在孩子们做完自我介绍后，便一个个出去拍或许是他们人生中的第一张个人照。面对镜头，孩子们难免感到别扭，但在我们的鼓励逗乐下，孩子们或是摆出"模特"的造型，或是坐在木梯上，或是可爱地双手撑着下巴……其实，只要愿意去发掘，愿意去倾听，他们都潜藏着很多可爱之处。有个廖姓女孩显示出对摄影的浓厚兴趣，在我们的教导下，小小年纪的她，挂着相机俨然像个专业摄影师。校长看到她的模样，慈爱地说："其实孩子们的欢乐真的很简单，摸一摸相机，照一张照片，他们就可以开心很久，满足很久！只是父母在外，家中老人身体不便，却让原本简单的快乐变得这么困难，所以我非常支持你们的活动，即便它不算盛大，但给孩子们带来的是最真切的快乐与最动人的关怀！"

与此同时，其余的孩子都在教室里，玩着我们精心为他们准备的素质拓展游戏：或是抢凳子，或是解手链，玩得不亦乐乎；或是唱歌跳舞，《向前冲》《学习雷锋好榜样》，歌儿一支接一支地唱，丝毫没有倦意与停歇。拍完照后，看见孩子们意犹未尽，我们便拿出了准备好的《我的未来不是梦》的歌词分发下去，教孩子们唱歌。精心挑选的歌词，其实更希望这首歌能唱进他们的心里。孩子们唱得很响亮，教室里一遍遍地回荡着他们的歌声，窗外有夏蝉鸣叫，想必是被孩子们的热情感染，也来伴奏。唱完之后，调皮的男孩们还不满意，要我们也来一首。没有多想，我们几名队员就决定唱中山大学校歌。没有音乐的伴奏，但是当歌声响起的时候，所有孩子都静了下来，就连最坐不住的那个孩子也停止了扭动。或许他们还听不太懂歌词，但是中山大学校歌时而悠长、时而雄壮、时而铿锵的曲调深深地吸引了他们。看着他们睁得大大的眼睛，队员们站在一起，闭上眼睛，享受这一刻的美好，脸上扬起了幸福的微笑……

几天的时间很快便结束了，孩子们抱着新书包与各种新图书，带着木块拼图和各种文具，在我们为他们建立的小小图书角前，挥手告别了与他们相伴多日的哥哥姐姐们。

（四）回访定南

返回中山大学后，我们冲印出了孩子们的照片，制作了明信片，并专门为"相·信·爱"活动制作了纪念明信片，准备一并送给孩子们。

9月3日一大早，我们坐车再次前往定南。前期我们广泛寻求社会帮助的举动终于得到了回报：赣州市人民医院在与我们经过详细沟通与实地考察后，决定以单位名义为孩子们的学校带去一百张新课桌椅、六套办公台与两台电脑。有了这些捐赠物资，学校的硬件设施将会有很大改善。窗外下起了雨，群山起伏，云雾缭绕，我们的心情也随之起伏，能为孩子们办些实事，一直以来都是我们的愿望。但此刻，我们既希望看到孩子们的笑容，又担心过了这么多天，孩子们会和我们生疏，这就是所谓的"近乡情怯"吧。终于到了日思夜想的小小学校，孩子们此时已经开学了，都升了一个年级。值得高兴的是，孩子们看到我们的时候，依然开心地叫哥哥姐姐。

在赣州市人民医院的捐赠仪式上，孩子们看着崭新的课桌椅，都露出兴奋的神情。也许是激动的心情实在难以掩饰，面对随行媒体的采访，他们并未露出我们预想中的忐忑。仪式结束后，我们将照片一张张地发下去，孩子们拿到后都抱在怀中，好像抱着宝贝似的怕被别人看见。有位姓何的小女孩，静静地看着自己的照片好久。问她在看什么时，她说："就是很少看见自己的样子。"是啊,这些农村的孩子很少照相,也不会对着镜子梳妆打扮,当看着自己的样子时,竟生出好奇之心。在我们的鼓励下,孩子们在照片的背后写上了想对未来的自己说的话。我们拿出精心为他们挑选的相框,手把手地教他们把相片装进相框里。看着整齐地摆放在桌角的相框,我们的内心都很激动,这是多么值得珍藏的回忆,我们仿佛看到了孩子们多年后再翻出相片来看时,脸上泛起的笑容……

　　明信片是我们精心制作的,有两种背景图:一种是精选的四张中山大学校园图片。通过一幅幅的图片,我们为孩子们描绘了自己心中的大学,并鼓励他们好好学习,将来有机会同我们一样走入大学深造。另一种则是印有孩子们相片的明信片,我们引导他们用自己的方式,或写或画地在上面留下想对爸爸妈妈说的话。一年级的何×用歪斜的字体写道:"爸爸妈妈我想见你们。"简单的一句话,此刻却仿佛闪耀着光亮,里面蕴含的是满满的亲情。五年级的陈××写道:"爸爸妈妈,对不起,这次考试……"虽然她遮住了后面的字不好意思让我们看,但我们都可以猜到她写的是什么,承载着的是对父母的孝心。在教会他们正确填写明信片的方式后,我们留下了中山大学的地址,并鼓励孩子们和我们通过明信片保持联系。

　　整个活动简单却温馨,随行的记者看完活动全程后都称赞我们有创意。之后,定南县电视台、赣州市电视台、定南县人民政府网站等媒体纷纷对此次活动进行了深度报道。

（五）爱心在延续

在依依不舍的告别声中，我们返程了。坐在车上，仿佛耳边萦绕的依旧是孩子们的欢笑，眼前浮现的还是孩子们的模样。此时，深圳分队的同学已经寻找到了部分留守儿童在深圳打工的父母，并亲赴他们的工作地点，收集了解相关资料，做成明信片寄回，完成了父母与孩子的情感互动。通过活动，我们与这些留守儿童联系在了一起，我们与他们之间的联系并未因活动结束而中断。我们已经习惯在书信间关心他们的学习，询问他们最近的情况，而他们也很乐意在回信中与我们分享生活中的点点滴滴，向我们寻求帮助。我们用照相与制作明信片的方式联系在一起，以此为切入点，成功走进了留守儿童的生活，为项目的进一步开展打下了基础。

也许事实可以用华丽的言语装饰，但我们一直认为那些看不见的感触才是这个活动最动人的地方。这次公益活动，创新性地突破了以往支教或简单慰问的单调场面；项目对队员的要求不高但对受助者的效用却很大，具有很强的可操作性与可持续性；这让我们尝试以一个孩子的思维方式去思考孩子们究竟需要什么。是相片，是明信片，更是一颗赤诚的爱心，才让"相·信·爱"活动成为一个温暖的故事。

第九章 老年服务类公益活动

衰老是每一个社会个体必然经历的生命过程,如何应对衰老,在不同国家、不同时代有着各自的特点。在中国,一个前所未有的老龄化时代即将到来。我国解决老龄化问题的主要方法是离退休制度、社保制度,然而现行制度和现有资金能否转化为现实的老年服务,则是令人关注的问题。显然,从目前的状况来看,无论是在制度上还是在现行措施上,中国应对人口老龄化的准备并不充分。因此,民间开展老年服务类公益活动具有巨大的可拓展空间。

第一节 老年服务类公益活动的界定

随着人口老龄化,中国将要面对一个"老人世界"。大学生开展老年服务类公益活动,要先明确自己所要服务的目标群体,以及所面对的问题和面临的任务。

一、老年服务类公益活动的目标人群

一般而言，年满 60 岁的人可被称作老年人。国际上通用的衡量一个国家或地区是否进入老龄化社会的传统标准是 60 岁及以上老年人口占总人口的 10%，新标准是 65 岁及以上老年人口占总人口的 7%。60 岁以后，人的各种生理功能将发生较大的退化，神经系统、循环系统、呼吸系统、消化系统、免疫系统以及骨骼系统都不同程度地呈衰退和下降趋势。①

大学生老年服务类公益活动是指大学生利用自身的专长及所学知识，自愿为有需要的老年人提供服务的行为。大学生为老年人提供公益服务，旨在使老年人在人生最后阶段持续生活，协助老年人依自己意愿去实践自我，协助其恢复受损的社会功能和社会关系，提升老年人运用社会资源的能力，预防其社会功能的衰退。②

二、中国尊老敬老传统及其影响

中国是一个崇尚尊老敬老的国家，在中国的传统文化中，尊重、孝敬老年人有着深厚的文化基础。在政治上，统治者一直倡导"以孝治天下"；经济上，"养儿防老"已经作为一种

---

① 参见王思斌《社会工作概论》，高等教育出版社 1999 年版，第 187 页。
② 参见顾东辉《社会工作概论》，译文出版社 2005 年版，第 257 页。

与个人具体劳动结合的老年"保险制度"被纳入传统经济秩序之中；在文化上，以孝为核心的"礼教"已经成为浸润万民思想的符号与认同。

中国的敬老思想在春秋时期便已形成并迅速发展，其中最显著的是儒家与墨家。

儒家的敬老思想是最完整且密切与现实境况相结合的。孔子提出的敬老思想是与他的"以礼治国"政治理想和"仁"的伦理思想紧密结合的。"仁"从父子伦理开始阐发，以个人为中心构建了整个亲族权利义务关系，而子女孝敬父母也就成了自立成人乃至走向社会建立各种关系的基础。儒家思想在漫长的历史进程中与国家政权结合而成为中国文化的重要组成部分，后世的风俗、传统、制度、礼节等形成的原则均在不同程度上受到儒家经典的影响。例如，"守丧制度"的创设就源于《论语》"子生三年，然后免于父母之怀"。孔子看到孩子出生三年后，才离开父母的怀抱，自立行走；那么当父母离世，孩子是否应该也要坚持三年撙节寡欲，来怀念父母的养育之恩呢？当然，礼教在不断构建的过程中，出于封建统治的需要，形成了束缚人们思想和言行的巨大桎梏，但在被除旧俗后的今天，儒家思想及其尊老敬老传统，依然根植于中华文明之中，这是不容忽视的事实。

在春秋时期的百家争鸣中，出现了一派与儒家大相径庭的敬老思想，那就是墨家。墨家是中国出现得较早的提出"社会公利"和"平等"思想的学派,创始人墨子出身贫民,毕生致力于谋求民众福祉、改善人民生活;墨家弟子均身体力行,参与劳动,扶助孤弱。墨家也推崇敬老,但其核心思想不同于儒家,儒家实质上实行的是"有差别的爱",而墨家主张人与人之间应该有"无差别的爱",即要爱别人的孩子如同自己的孩子,爱别人的父母如同自己的父母。在当时,墨家这种思想被贬为"无君无父",但在今天,墨家思想却隐隐在许多公益事业中彰显出来了。

三、美国老年人服务的制度安排

美国并不是社会福利制度最为完善的国家,但美国通过制度化途径来推进老年人服务则是值得称道的。

1961年1月,"白宫老年会议"就开始推动公众关注美国老年人的问题。在这次会议上,代表们就与人口老龄化有关的研究、培训、联邦组织和其他方面的问题提出了建议,这为1965年《美国老年人法案》的出台铺平了道路。基于这一立法及其后的修正案,美国联邦政府向州政府划拨专款,用于社区规划与服务、培训和研究,并在健康与社会服务部系统内建立一个工作机构,定名为"老龄管理局",以此向老年人提供援助。①

《美国老年人法案》及其修正案为美国的老年人服务奠定了基础。法案提出了十个保障目标：①足够的收入；②最大可能的身心健康；③适宜的住宅；④为需要机构护理的人提供身体复原服务；⑤就业机会；⑥身体健康、光荣、有尊严地退休；⑦追求有意义的活动；⑧卓有成效的社区服务；⑨直接从研究成果中受益，保持和改善健康状况，令生活更美满；⑩自由、独立、自主地实施个人的生活计划，主宰自己的生活。根据法案的规定，州和社区的老年工作方案会得到联邦政府的拨款，钱用于四个方面的开支：①计划和协调工作方案；②有助于实现方案目标的有价值的活动；③人员培训；④建立新方案，或扩展现有的方案。②

第二节　老年服务类公益活动的实施

大学生志愿者在实施老年服务类公益项目时，要在做好前期准备工作的基础上开展服务活动。老年服务的方式包括直接服务和间接服务。其中，直接服务是直接为老年人提供各种医

---

① 参见［美］O.威廉姆·法利等《社会工作概论》，隋玉杰等译，中国人民大学出版社2005年版，第280页。
② 参见［美］O.威廉姆·法利等《社会工作概论》，隋玉杰等译，中国人民大学出版社2005年版，第280页。

护、家务、咨询、沟通等服务工作；间接服务则是通过宣传、组织等方式改变老年人的自身观念、影响老年人周边的人，为老年人的生存与发展进行服务、倡导、宣讲，为老年人体面地生活营造良好的环境。

一、前期工作

在实施老年服务类公益项目之前，大学生志愿者要先做好前期准备工作，尤其是要了解老年人的需求，然后根据老年人的实际需求开展有针对性的服务活动。开展需求评估是前期工作的重点，这是老年服务类公益活动取得成效的前提。

首先，大学生志愿者要摸查清楚公益项目所在地的老年人分布情况，以及他们的具体需求，这关系到有限的社会服务资源应该如何投放。尽管每一位老年人都应该有得到服务的权利，但具体需求是有轻重缓急之分的。大学生志愿者应致力于将公益服务拓展至尽可能大的范围，提升服务的覆盖面，但也应量力而行，最好是从高校周边社区开始做起，从资源最为匮乏的地方开始做起。大学生志愿者可与当地的居委会、街道办事处、妇联、社会公益组织等联系沟通，了解当地亟须得到帮助的老年人的数量、分布、年龄、卫生、健康、社会关系等情况，配合当地的社会服务机构，通过适当的方式开展公益活动。

其次，大学生志愿者自身要加强老年服务方面的知识储备，应该学习基本的老年人护理、医疗急救常识和应急处理方面的知识。志愿者需要了解现行的关于老年服务的各种政策、法规（包括离退休制度、社会服务、保险、医疗卫生等），这些对于开展老年服务类公益活动都是基础性的知识。

最后，在做好以上工作的基础上，大学生志愿者可进一步通过进入社区开展问卷调查或深度访谈，还可以通过网络、微博、短信等方式，多方位了解项目开展所需的信息，以便为项目风险预案的制订做好准备工作。

二、直接服务

直接服务是指大学生志愿者根据老年人的需求，结合大学生自身的实际情况，直接面向老年人开展倾听与交流、探访养老院、居家服务、护理服务、整理回忆录及临终关怀等活动。

（一）倾听与交流

倾听与交流不仅是做好老年服务的重要保证，在一定程度上，甚至就是老年服务的基本工作。通过倾听与交流，可以了解老年人的关注点，了解他们对自身、对生活的看法。为实现有效倾听与交流，大学生志愿者需要作相应的准备。首先，要克服方言、老年人用语习惯等方面的沟通障碍，若能获得与老年人亲近的人的协助，将会起到事半功倍的效果。其次，为获取有效信息，大学生志愿者应当对交流作出必要的引导和界定。志愿者要学会有意识地将谈论的话题控制在一定的范围之内，避免毫无边际地漫谈。最后，在征得老年人同意的基础上，交流的信息要用妥当的方式予以记录。志愿者的倾听和陪伴能够在一定程度上缓解老年人的负面情绪。长年独居的老年人，无论是在养老院还是居住在家中，都有强烈的交流倾诉愿望，大学生志愿者的关注和陪伴使得他们有了倾诉的渠道，让他们积郁胸臆的情感得到舒缓。当然，由于志愿者并非专业的心理咨询人士，交流与倾听也不是心理咨询，如果老年人存在心理障碍和心理问题，还是应该寻求专业人士的帮助。

（二）探访养老院

养老院是提供给老年人居住和活动的专门化养老机构，也是大学生志愿者开展老年服务类公益活动的重要场所之一。养老院具有独到的管理办法，也有一批专业的管理和服务人员，如果能辅之以大学生的公益服务，则将在一定程度上增添养老院管理服务的活力。在养老院里居住的老年人大多长年未能与子女相处，大学生志愿者定期访问养老院、探望老年人，并且开展一些具有趣味性或知识性的活动，可以为老人们的生活带来乐趣。同时，大学生志愿者在与老年人及养老院管理服务人员的交流中，也可以学到许多书本上学不到的知识。

（三）居家服务

随着人们生活水平的提高以及社区医疗卫生水平的不断改善，不少老年人选择了有别于养老院的"居家养老"模式，这为大学生志愿者开展老年人的居家服务公益活动提供了可能。居家服务最好与居委会或街道办事处等机构合作，在充分摸清情况、获得各方支持的基础上才有可能顺利开展。在做好各方沟通的基础上，居家服务方面首先要关注的是独居在家或行动不便的老年人。老年人是心脑血管疾病高发人群，独居生活需要承受巨大的风险，除了安装简易报警器、定期电话联系以外，上门服务将在很大程度上降低这种风险并改善老年人的生活。定期上门服务的大学生志愿者可以从事帮助老年人打扫卫生、洗涤生活用品、更换简单的电器等体力劳动。此外，为了让常年在家的老年人适应信息化时代的形势，必要时，大学生志愿者可以帮老年人安装电脑、网络和基本的通信软件，教他们使用电脑聊天工具、视频和手机。通过普及基本的网络知识，可以大大增强老年人获取信息及与外界沟通的能力。

（四）护理服务

护理服务是针对因患病或其他原因导致生活不能自理的老年人的服务形式。这类公益服务通常要由医学专业、护理专业学生或有心肺复苏实践经验的志愿者承担。老年人的健康护理是多方面的，包括上门体检、生活护理、紧急救护等。护理对于老年人的重要性不言而喻，它具有针对性、普遍性和长期性等特点，且常与其他服务结合进行。志愿者可通过上门服务或专场服务为老年人排查身体健康隐患，对其进行日常饮食及医疗卫生方面的指导，达到改善或保持老年人身体健康的目的。

（五）整理回忆录

回忆录是一种重要的对自我人生经历的重构过程，对于老年人而言，回望过去是人的自然表现，回忆录在某种程度上可说是老年人人生完满、体面的标志，也是精神平和、愿望顺遂的体现。由于精神体力、职业习惯等方面的限制，老年人往往难以独立完成一部完整的回忆录。而志愿者恰好能够弥补这一薄弱环节。一部回忆录的整理是一项不小的工程，老年人即兴回忆，侃侃而谈，所呈现的片段包罗万象，大学生志愿者要细心整理出一条脉络，并用流畅的文笔如实呈现口述者的精神面貌、思虑抉择、心路历程和人生发展，这本身对大学生志愿者的文学修养与笔记习惯有着较高的要求，志愿者可以从中学到很多的东西。而从口述到成稿，中间往往要经历长时间的修改、反复、斟酌的过程——对老年人来说，这是对人生经历一次整体的反思；对志愿者来说，则是一次耐心与爱心的考验。有效的合作离不开双方的深度互动，志愿者需要细致温和的劝导、耐心的倾听，有时还需从老年人的亲人处得到旁证，最后结合自己的思路和理解能力，实现一种积极的重构。

（六）临终关怀

临终关怀是一种专注于在患者逝世前的几个星期甚至几个月的时间内，减轻其疾病症状、延缓疾病发展的医疗护理，并非一种治愈疗法。临终关怀是近代医学领域中新兴的一门边缘性交叉学科，是社会的需求和人类文明发展的标志。临终关怀的内容包括身体关怀、心灵关怀和道业关怀，对象主要是老年人、重症病人及其家属。临终关怀的主要目标是提高服务对象的生命质量，减轻服务对象的苦痛，使其获得人格尊严。

三、间接服务

与直接服务不同，间接服务采用改变老年人周边的人或改变老年人的思想观念等方法，力图推动老年人自身的变化，改善社会环境，从而为老年人的生存和发展营造良好的氛围。间接服务主要有三种形式，即推动老年人自助互助、面向老年人开展宣讲活动、面向社会开展宣传工作。

（一）推动老年人自助互助

老年人一旦无所事事就会产生失落感，公益事业恰恰可以弥补无事可做的空白，是老年人转变自己的社会角色、调整心态的有效方式。大学生志愿者可以推动老年人以自助或互助的方式发挥老年人自身的积极性,尤其是发动他们参与力所能及的公益活动,使他们成为公益服务的重要资源。老年人本身有着丰富的生活经历,如果组织得当,他们将成为公益活动中不可多得的人才资源。

(二) 面向老年人开展宣讲活动

"变老"对每个人来说都是不可回避的生命议题,直面这一人生必然过程是需要勇气的,是积极面对还是消极接受往往会造成截然不同的结果。许多人因未能及时调整心态,为年龄增长带来的种种变化作准备,以至于面对实际问题时陷入被动。也有一些人忽视年龄增长本身,仍然像年轻时那样支配自己的身体,或参与工作,或为子女奔忙,对身体机能造成一些原本可以避免的伤害。如何使老年人改变观念,积极乐观地面对自己的老年时代,是大学生志愿者面向老年人开展宣讲活动的重要任务。这对于大学生志愿者来说,当然是富有挑战性的。针对老年人的宣讲还可以引进一定的专业资源,向老年人介绍医疗与健康方面的知识。老年人常见的健康问题包括血液循环系统风险概率增高、免疫系统弱化、骨骼钙化、脏器肌肉等组织器官活性下降、大脑功能弱化等。这种种疾病或症候有的是遗传决定的,也有的是年轻时代的生活习惯积累而成,因而有许多是慢性病,无论哪一种,彻底革除或治疗并不一定可行,但有效减缓和抑制却是富有成效的。主动寻求医疗服务,能够有效改善老年人的健康状况，但许多人因为经济拮据或其他方面的原因，错过了最佳治疗时期。因此，要通过宣讲活动鼓励老年人采取定期体检、主动咨询等方式，加强对身心健康的维护。此外，保健养生、体育锻炼等也可以成为宣讲的内容。总之，应通过宣讲活动，鼓励老年人之间的良性互动，鼓励他们结伴互助，重构有效的社会支持网络。

（三）面向社会开展宣传工作

面向社会开展宣传工作，是着眼于改善老年人周边人际关系的宣传活动，是指通过影响老年人身边的人、社会中的人，从而起到改善老年人生活环境的效果。老年人的人际关系主要包括与子女的关系、与伴侣的关系、与其他老年人的关系以及与社会中其他重要他人的关系，这几组关系都与老年人密切相关。

老年人与子女的关系是他们人际关系中的核心。每个人与父母的关系都十分复杂，它是由双方在过去几十年的相处交往中形成的，有着具体而深入的体悟，也是一种变化发展的关系。现代社会的年轻人需要面对高强度的职业压力，这注定大部分年轻人需要将有限的精力优先投注到自己的职业之中，同时还要组建自己的家庭。特别是在很多情况下，年轻子女尚需老年人的大力帮扶。这是现实经济社会条件决定的，这种态势在短期内也难以扭转。但是，通过各方面的宣传发动，营造良好的尊老爱老的社会氛围则是可能的。在对待老年人方面，态度是首要的，社会应该倡导年轻人立足日常生活，敬重父母、关怀老年人。

第三节 老年服务类公益活动的案例

一、朝夕同行[①]

（一）项目团队

2011年10月，"朝夕同行"公益团队在中山大学珠海校区成立。公益团队在社区中开展"全家福"活动，每两个星期一次，固定式探访社区中的孤寡老人，受到了老人们的欢迎，也在社区中产生了一定影响。

（二）活动方式

"全家福"活动温暖孤寡老人，也被我们简单地称作"全家福""全家福行动"或"暖巢行动"，旨在通过有针对性、

[①] "朝夕同行"引自第十届中山大学"亚德客"社会公益实践项目报告。项目负责人为王建国，团队成员为曾文枢、唐晓敏、王攀登、彭鹏、蔡敏琪、何苑婷、刘金成、褚一凡、吴泽佳、彭冠华、肖曼欢、蔡东宏、邓鹏、陈佳希、党杨、张烨琳、谭立等。

持续性的温情关怀，让生活有困难以及精神生活空虚的老人重新找到"家的温馨"。

就服务对象而言，从最初的"孤寡老人"到后来的"独居老人"（包括孤寡老人、部分空巢老人），再到现在的"生活有困难以及精神生活空虚的老人"即"有需要的老年人"，"全家福"走出了概念的局限。

就活动形式而言，从最初的"固定式探访"到现在的"普查式探访""固定式探访""回家式探访"相结合，再到未来可能的"接力式探访"等，"全家福"开始不拘一格。

就活动内容而言，从最初的纯精神关怀到后来的试图解析老人生活艰难的成因，再到现在试图运用更多的社会力量，从物质、精神等多方面来帮助老人真正地走出困境，"全家福"从一张照片开始越发变得成熟。

而在活动预期效果方面，"全家福"一直坚持"以老人为主"的原则，活动可以不做，照片可以不拍，策划可以更改，但是绝对不能做任何伤害老人的事情，或者任何让老人不开心的事情。我们所做的一切，都是为了老人好，老人受益就是我们最大的期望。

（三）团队建设

团队建设包括对活动的要求以及对团队的要求两个方面。

1. **对活动的要求**

第一,安全第一。白天活动,男女组队,购买保险,安全提醒。

第二,以老人为中心。活动形式和内容都可以根据老人的具体情况和实际需求进行调整,不必拘泥于计划。

第三,求精不求泛。活动要让老人满意,不能只是为了完成任务。

第四,保持独立性。与其他组织或者单位进行合作活动的时候,不能单一地从属于他们,而应保持自己的独立性;负责具体活动的每个小组可以根据当次活动的实际情况对活动安排进行调整,但要保证不违背主题,也不能危害团队。

2. **对团队的要求**

第一,轻松上阵。队员不应带着压力去参加活动,而应全身心地投入其中,如果有事情需要处理,可以请假。

第二,积极主动。队员应该为了活动的目标积极主动地寻找自己的位置,能够主动分担队友的任务,互相帮助。

第三,理解协作。队友应在活动中逐渐建立默契,使活动开展得更顺利,对于不会说粤语和不善交流的队友要多多理解、包容。

第四,品牌思想。无论作为一个团队还是一个小组,都要有一种敢为人先、争做第一的勇气;也都要有一种开拓思维、创新进取的意识,打造组内品牌、团队品牌。

第五，赤子情怀。做公益就是做良心，既然选择了就要用赤诚之心去做事、去爱人。

(四) 项目活动

我们提前利用网络查阅资料，了解到了离广州大学城最近的新造镇、化龙镇和长洲镇的情况，并计划一一寻访。

2012年7月30日，我们共7名成员组成的分队走访了新造镇和化龙镇11个村（居）委会，加深了对这两个镇的认识。化龙镇相对富裕，孤寡老人的问题不是很严重，其中水门村有独立的福利制度，保证人们老有所养。新造镇除了南约村以外，每个村子都有少数的几户孤寡老人或者独居老人，但大都得到了较好的赡养；而南约村却有几十户农村女性孤寡老人。这些信息让我们对接下来的踩点有了新的安排。

7月31日，我们走访了南约村。接待我们的是村妇女主任，他表示不同意我们开展活动，说村民以前有丢东西之类的会怪罪村委会，同时他们觉得相对于精神世界空虚，农村老人经济条件差才是更大的问题。虽然我们再三解释并出示证明，但他们仍以"公务繁忙"为由请我们离开。但在南约村并非毫无收获，我们通过与一位老爷爷攀谈，建立了初步的互信，并由他带我们走访邻近的老人家。通过这种方式，我们在没有村委会的带领下也可以完成活动目标。

总结经验教训后，8月1日，我们再访新造镇居委会和南约村村委会。在新造镇居委会，负责人这一次对我们的活动有了更多的认可和支持，并带我们去看望了几户孤寡老人或者身体残疾的老人。在南约村，村委会表示他们不会介入，不支持，也不反对。

踩点活动结束后，从8月28日到30日，我们在南约村通过与村民交谈，确认了南约村有许多女性孤寡老人，她们大都未嫁，又称"自梳女"，其原因复杂。当我们提出希望能去看望她们时，从村委会到同样年过花甲的老人家都不愿意带路，怕担责任，有的中年妇女还露出怀疑和不屑的神情。即便如此，我们仍然不想放弃，因为我们意识到她们肯定很孤单，加上只有微薄的政府补贴和体弱多病，生活肯定很艰难。我们需要接近这样一个群体，去了解她们的困苦，以期贡献自己的一分力量。最后，我们凭借着经验寻找到了几位孤寡老人，其中一位完全把我们这些"陌生人"当成了骗子，无论聊什么都只是说"不知道"。我们只得离开。另有一位老人衣着破烂，到处捡拾垃圾，且耳聋，不便交谈，我们也未能深入了解情况。回来后综合各种因素，我们决定暂时放弃南约村的计划，待以后有机会再继续。

8月31日，我们改道长洲镇。我们仍先到镇居委会，其工作人员热情接待了我们，并透露镇上确实有一些孤寡老人，他们受到了相对较好的照顾，其中义工服务队的照顾很重要。我们一路寻访，找到义工服务队，即长洲街道心园家庭综合服务中心（同心义工组织）。同心的行政干事向我们介绍了他们的服务范围及以往开展活动的情况，在得知我们的活动内容和目标后，她说要和负责人商量一下，再确定是否合作。

9月1日，我们再次来到同心义工组织处，这一次我们见到了负责人并且达成了合作的事宜，同心为我们提供老人的资料，允许我们以同心志愿者的身份，按照自己的活动计划进行活动。

9月3日，我们集合将来主要参与活动的12名队员来到同心义工组织，和负责人讨论活动中的注意事项，我们从中受益良多。

9月4—10日，我们进行了六天（中间因为天气原因暂停了一天）的普查式探访老人的活动。因为老人众多、时间短，我们无法对每位老人都进行多次探访，所以我们对活动方案进行调整，改固定式探讨为普查式探讨，希望通过我们的暑期走访活动宣传义工文化，更新老人的资料，为以后的活动作铺垫。期间，我们从同心的义工身上学习到了很多与老人相处的学问，他们也对我们提出了一些要求。

从9月5日起，我们独立进行探访老人的活动，12个人分为三个组，每个组4个人，三个组分头行动。活动中，我们遇到了各种各样的困难，比如路不好走、找不到老人、和老人交流不畅等，但是我们都能努力克服，对每一位老人的健康、家庭、生活等方方面面的信息进行了解。回来后，我们认真地做好总结，并书写自己的心得体会。

9月10日，我们对其中三位情况较特殊的老人进行了探访，增进了对他们的了解。

通过这六天的活动，我们基本上把五张A4纸上的老人名单探访了个遍，虽然未能和老人深度相处，但是我们完成了一件基础性的、但却迫切需要人来完成的工作，即老人信息的更新（同心义工组织提供给我们的老人信息大多是一年前的信息）。

9月12日，我们12名队员在中午时间讨论总结活动的成败得失、所感所悟。每个人都对自己印象深刻的老人进行了描述，其他人也能够从别人的分享中收获新的感悟，然后我们又对以后的工作作了简单的设想。下午，我们12个人来到同心义工组织办公所在地，和负责人交流我们这段时间活动的体会，义工们也和我们分享他们以往的经验，并表示很希望我们能够长期做下去。

（五）总结反思

对整个团队而言，通过这次活动，我们进行了深刻的自我反思，开始重新认识我们的服务对象。我们不再只关注于孤寡老人或者空巢老人，而是用我们特有的幸福评价体系去评价老人们生活得是否幸福，是否需要家的关怀，其需要有多么迫切，然后有选择地进行针对性的关怀和服务。通过这次活动，我们对长洲镇街道各村的部分老人进行了信息更新，其中一些已经去世、移民或者搬家；另外一些信息错误，如性别、家庭住址、家庭成员情况等。因为有同心义工组织的大力支持，活动得以顺利开展，我们这个团队也更加成熟。

因为我们坚持穿越街坊巷里，走进老人家中，在每日的活动中，我们都身着一身义工服，无形中宣传了义工文化，让更多的人了解义工、相信义工。我们还帮助广州中医药大学的免费义诊社会实践队伍进行宣传，许多老人因为我们的宣传得以免费看病。

因为探访老人的过程中也会遇到他们的子女或者亲戚，我们的无私服务也加强了他们孝敬父母、关心亲人的意识；周围的人看到了义工活跃在他们的生活中，会增加对社会援助力量的信任。因此，我们的活动也间接地起到了社会动员、增进人与人互信的作用。

二、暖冬之旅[①]

（一）项目背景概述

随着社会的发展，国家越来越重视农村社会保障制度。广

[①] "暖冬之旅"引自中山大学"亚德客"社会公益实践项目报告。团队成员为莫金富、黄小滇、莫桂清、莫小嫒等。

西实施的"就村而建,集中供养,一家一户,自我服务,自我管理"五保村(属村级五保集中供养点)模式更是一个亮点,努力完善对农村特困户中的"三无"人员保吃、保穿、保住、保医、保葬的农村救济制度。但是,对于一些年龄偏大的独居老人来说,"自我服务,自我管理"却成了问题,很多老人生活难以自理,对他们来说,仅靠政府的那点微薄救济,加上还有很多具体措施未能落实,生活真的很艰难。

在这样的背景下,我们借助中山大学的公益实践平台,向学校申报了"暖冬之旅——探访独居老人再出发"活动。这是一个基于农村社会保障研究的纯公益性质的探访活动,目的在于关注并改善偏远贫困山区独居老人艰苦的生活状况,从而促进当地社会的可持续发展,进一步推动社会主义保障事业;同时,我们想通过这次活动,唤起更多的人主动去了解社会、关注民生、奉献社会,用实际行动传递爱心。"从哪里来,到哪里去",我们来自农村,我们服务于农村,回到农村塑造自我、拓展视野,在实践中熏陶思想感情、充实精神生活、增长知识才干,以一颗感恩的心服务于社会,增强我们的社会责任感以及感恩社会、回报社会的意识。

(二)项目基本情况

1. 活动时间

2010年2月8日、19日、25日。

2. 活动地点

广西壮族自治区博白县文地镇番壁村。

3. 活动对象

贫困山区独居老人。

4. 活动内容

探访并帮助独居老人做一些力所能及的事，包括挑水、打扫卫生、煮饭做菜、洗家具、洗衣服、添置及更换生活用品（洗洁精、洗衣粉、牙膏、牙刷等）、确保老人的用电安全及状况（有问题就找人帮忙解决）、陪老人谈心、陪老人去看病等，与老人交流我们的大学生活，传播时政新闻、新知识。

(三) 活动开展情况

1. 前期准备

活动共分为三次，第一次是春节前（即2月8日），第二次在春节后（即2月19日），第三次在开学的前两天（即2月25日），前后共探访了五位独居老人，并且都属于五保户，较2009年暑假来说，服务对象的人数减少了，但我们的针对性很强，主要针对生活难以自理的独居老人。

进行探访前，我们首先要做的是提前确定探访的对象并了解其大致信息，我们找到村委会的工作人员进行咨询，通过他们了解了一些老人的信息。我们了解到，那些五保户目前都有政府的补贴：每月100元，一年60斤大米，年前分发的一套衣服。

对于我们来说，面对那么多的五保户，不可能每一位都去探访。我们只能向村委会了解更加详细的情况，寻找一些生活难以自理的五保户。最终，我们确定了五位，其中有一位双眼失明的老婆婆。

在确定探访对象之后，我们要做的就是招募志愿者。其实在当地招募志愿者也不容易，由于条件落后，我们无法面向整个地区的大学生进行招募。我们采取的办法就是招一些自己认识的，甚至是自己以前的同学的大学生，这样我们工作起来也会方便很多。按照这个原则，我们最终只招了两名志愿者，一名在广西玉林师范学院就读，一名在四川绵阳师范学院就读。她们都很乐意参加这样的活动，在活动过程中也表现突出，为我们顺利开展活动付出了很大的努力。

2. 首次拜访

我们的活动开始了。2月8日上午，我们去了番壁村的五保新村，那里是政府出钱建房子，让五保户统一搬去居住，这样也好互相有个照应。那里住着四位婆婆，其中有一位双眼失明。由于不了解老人所需，我们去时没有准备新的生活用品，只带去了五斤橘子。

老人家的生活环境可谓简陋：碗橱是一个发霉的纸箱；熏黑的灶台饱经"沧桑"；桌子肮脏凌乱，上面摆满的碗碟杯盘里甚至还粘有剩饭；门口用于做饭的灶台是由几块砖垒成的……这就是她们的生活。

我们到时,婆婆们正安静地坐在屋里,吃一种我们未曾见过的粉。她们见到我们很激动、很开心,忙着要拿椅子给我们坐,还要拿碗筷招待我们吃粉。我们推说再三,耐不过她们的坚持,于是大家都吃了一些。吃完后,我们表示要帮忙洗碗,但老人家执意不肯,我们只好像客人一样,恭敬不如从命了。

饭后,老人家很开心地和我们交谈。一位老人说她曾是秧歌队的队长,并声情并茂地给我们表演了好几个节目。我们给她们照相时,她们十分高兴,还要给我们钱,直到我们再三说明才肯收回。我们给每位婆婆都拍了张单人照,并说好洗出来再拿给她们。那位双眼失明的婆婆还饶有兴致地找出政府分发的衣服给我们看,不过衣服有些单薄。婆婆虽然看不见,但做事很熟练,对房间里的每一处也都很熟悉,且记忆力很好,找东西、做家务干脆麻利,不慢于旁人。我们听说,她自嫁入番壁村之后就失明了,但她干农活很熟练,连拿着刀切猪草都没问题,即使是需要用大刀砍的番薯苗也难不倒她。老人家自立自强,从不气馁。

我们和老人们聊了很多,她们都说到身体不好,病痛缠身,药费是一笔大开销。随后,我们帮忙做了一些家务,如扫地、挑水、浇菜等,她们在门前种有一点青菜,不过是很小的一块地,只能种一点点。有位老人还养了几只鸡,她饶有兴致地跟我们说有天有个人偷了她的一只鸡,但后来村干部帮她要回来了。我们在了解到老人需要什么生活用品之后，帮她们买了洗洁精、洗衣粉、牙膏、牙刷等。

有位婆婆一直以为我们是老师，还一个劲地称我们"老师"，无论我们怎么解释也是徒劳，那就让我们这一次借老师之名行公益之事吧。到了下午，我们和婆婆辞别之时，她们很舍不得，还要出来送我们，我们说过年后还会再来探望。

此后，我们还去了另外一位婆婆那里，她也是五保户，但她不想搬去五保新村，而是更喜欢在家住的感觉。我们2009年暑假的时候也来探访过这位婆婆，还帮她捡了一些干柴。她总是觉得冷，穿了很多件厚衣服。她身体多病，每次拿到政府给的补贴后都会去打一次吊针。

我们和婆婆聊天时，不经意间听说她想年前去打次吊针，于是我们就陪她到附近的乡村诊所看了医生，顺便也打了吊针。后来我们才知道，很多老人都是这样的，看一次病身体会好些，然后就硬撑一段时间，等身体感觉不舒服的时候再去看一次，如此循环往复，病情也得不到根治。

3. 再次拜访

2月19日，年初六，这天天气很冷，还夹杂着一些雨水，我们再次拜访这几位婆婆。我们帮她们做了一些家务，和她们聊了很久。双眼失明的婆婆对我们说，年初一和初二的时候，她女儿来接她去过年。还有一位婆婆的女儿也来探望母亲，给了点钱，但女儿有子女要照顾，生活也不是很富裕。老人说，过年的时候也有小学生来看望她们，村干部也来看望过了。

其实这些老人真的很需要有人去和她们聊天，她们不求什么，能够得到倾听和交流，她们就已经很满足了。老人说："你们真是有心。"她们内心很孤独，很需要像我们这样的大学生去与她们沟通，让她们感受到社会的温暖，感受到我们的关爱，让她们有理由、有信心更好地生活下去。

4. 第三次拜访

2月25日，我们第三次探望独居老人。这天的天气很好，她们都早早地把一些换洗的衣服洗好拿出来晒了。经历了几天"回南天"，地板都湿了。天气逐渐变暖，阳光明媚。

为了更快地让潮湿的地板干起来，我们用扫帚把地上的水扫了一遍，在风的吹动下，在透窗而入的阳光的照晒下，地板终于干了。潮湿的天气对老人身体的影响很大，有位婆婆有风湿病，一遇到这样的天气麻烦就来了。

和婆婆们告别的时候，大家都很舍不得，失明婆婆的声音有些哽咽。我们对她们说："我们暑假的时候再回来看你们，到时候顺便把你们的相片带过来。"

有了几次的探望和交流，我们和婆婆之间无形中形成了亲密的关系，我们了解了她们很多，虽然现在还帮不了她们多少，但至少可以为她们减少一些孤独感。当我们慢慢地了解她们时，我们发现，我们很在乎她们，总感觉我们帮得太少，能为她们做的太少。她们经历了很多，她们也有她们的青春，到了晚年，她们坚持着，未曾放弃，我们很佩服她们！

（四）项目回顾

在2009年暑假公益实践的基础上，我们这次有了经验，组织活动更加有效率。就2009年暑假的活动来说，我们探访的人数较多，还对她们的生活状况作了调查，但因为人手方面的原因，我们服务的效果不是很好，针对性也不强。

2010年，我们采取了回访的形式开展活动，比2009年的一次性探访有了改进，更好地达到了与老人深入相处的效果。本次活动基本达到了预期效果。通过探访，我们提供了实质性的帮助，能让独居老人们感受到大学生的关爱，感受到人文关怀和社会的温暖，也为当地构建和谐社会主义新农村贡献了一分力量；同时，借助这一公益实践平台，我们带领志愿者参加了活动，增强了她们的公益意识。此外，通过本次公益实践活动，我们拓展了视野，在实践中熏陶了思想感情，充实了精神生活，增长了知识才干。

三、老人临终关怀[①]

(一) 项目背景

广州市番禺区市桥医院康宁病区是目前广东地区首家由公立医院设立的专为老年人和临终患者服务的专科病区,该病区设立的目的是为了提高老年人的生活质量,减轻临终患者的痛苦。开设临终关怀,让老年人和临终患者更有尊严,是现代文明的标志。

为增强中大学子的公益理念,丰富其课余生活,弘扬公益精神、宣传社会公德、倡导公益文化、开展公益实践、塑造公益形象,同时为继续给临终关怀病房的老年人和临终患者带去关怀,让他们在生命的最后时刻感受到更多的温暖,也为他们及其家属以及病区的医生护士们带去问候和祝福,中山大学三余社公益部开展了本次"老人临终关怀"暑假公益实践活动。

临终关怀是中山大学三余社的特色活动之一,旨在关怀即将走到生命尽头的老人,让他们快乐地走完人生的最后一程。在医院中的老人,有的能够得到家人的照顾,但也有一部分被家人遗弃,他们更需要社会的关怀。

[①] "老人临终关怀"项目引自中山大学"亚德客"社会公益实践项目报告。团队成员为陈伟纯、王晓、冯森德、徐晟皓、吴泽佳、康林、谭安琪、陈立奋、朱燕珊、麦立影、谢燕秋、张静霞、张挺、陈桂敏、李倩晶、马学森等。

（二）活动目标

通过这次活动，让临终老人体会到更多关怀，心灵上得到更多安慰，让老人们走得更有尊严、更加安详。同时，让更多的人关注临终关怀服务，呼吁更多志愿者加入临终关怀的服务队伍。

（三）活动纪要

1. 初次接触

2011年7月28日下午，中山大学三余社公益部团队来到了广州市番禺区市桥医院，对这家医院的康宁病区进行了探访活动。该病区的专业护理技术、营养指导以及全方位的心理辅导和康复指导给病患带来了很大的帮助。

康宁病区的医生在与团队成员们进行交流后，对这种探访活动给予了高度的评价和肯定，她希望能有更多的人来关注这些临终老人，为他们做一些事情。因为这些老人很多都是长年卧床，并且即将走到生命的尽头，他们的亲人一般很难有时间来看望和照顾他们，所以他们十分孤独和痛苦。三余社公益部团队的这种爱心探访活动，能够让他们在生命的最后阶段感到更多的关怀、更多的温暖。

之后，团队成员一行10人对每一个病房都进行了探访，同老人们聊天交流，为他们送上自己做的一些手工小礼品，还给他们唱歌，老人们十分高兴。团队成员也十分愉快，短短的几个小时相处，拉近了与病区老人们的距离，在他们生命的后期带给他阳光般青春活力的温暖和爱的关怀，同时，成员们也收获了一份生命的感悟。

2. 赠送小礼品

8月13日下午，中山大学三余社公益部团队与微公益团队合作，一起来到市桥医院康宁病区探望老人们。这次，团队成员为老人们准备了许许多多的小礼品，有香囊、折纸，还有一些小卡片。团队成员在每一间病房都挂上了香囊，并在墙上贴了一些折纸，为病房增添了一些生气，让老人们十分高兴。有的团队成员为老人们唱歌，还有人讲起了笑话，让老人笑一笑，放松一下情绪。下午5点，团队成员才结束这次探望。

3. 收获感动

9月4日，三余社公益部团队又一次来到市桥医院康宁病区看望老人们。在去医院之前，我们准备了各自精心制作的手工品，也购置了水果，作为送给老人和医护人员的礼物。老人们见到我们十分高兴，有些老人已经认得我们了。尽管老人们的病情都不一样，有些老人甚至无法正常听、说，但我们仍然十分耐心地与他们交谈。当我们送上亲手制作的礼物时，老人们非常感动。两个多小时的交流之后，我们依依不舍地与老人们告别，并表示还会继续来看望老人。

经过半年多的公益服务活动，我们跟老人们已经建立了深厚的感情。

(四) 项目成果

首先,我们通过网络宣传和与微公益团队合作,扩大了活动的影响力,使得更多同学了解老年服务类公益活动。

其次,市桥医院对我们的公益活动表示热烈欢迎,对活动效果十分满意,高度赞扬我们的公益服务项目。临终关怀是一项医疗卫生事业,更是一项社会公益事业。义工是临终关怀服务团队不可缺少的组成部分,是临终关怀服务的延伸和补充。为了更好地实现临终关怀的服务宗旨,高校学生参与临终关怀服务,成为临终关怀服务团队的一分子,有着重要的意义。三余社公益部团队自2011年3月以来,坚持以每两个星期一次的频率看望市桥医院康宁病区的老人,热情地同他们交流,为他们解闷,带给他们关怀,让这些躺在病床上的老人在生命的最后时期仍能感受到社会的关怀和关爱。

最后,通过开展公益活动,公益团队也收获颇丰。活动效果好,老人都非常开心,市桥医院也十分肯定团队提供的公益服务,并主动提出希望能继续长期开展,团队成员的能力得到认同,价值得以彰显。同时,通过开展临终关怀项目,团队成员的心灵得到洗涤,对生命有了更深刻的认识。

（五）项目反思

我们的活动也有不足，主要是语言上的障碍，市桥医院康宁病区的老人们多数是番禺本地人，讲粤语，因此有些外地同学与老人交流得较少。再者，病区空间有限，加上老人们身体状况的原因，团队成员没办法久待，也没办法开展丰富多彩的活动。

项目的可持续开展，还要努力加强三个方面：①加强临终关怀相关知识的学习。由于康宁病区义工服务的对象为各种疾病末期（晚期肿瘤等）的病人，与一般志愿者不同，康宁病区的志愿者除了要有一颗爱心、满腔热情外，还要具备正确对待死亡的态度，能比较正确地理解临终关怀的宗旨。②要更加精细地做好志愿服务计划。大学生志愿者受自身角色限制，在时间有限、精力有限、阅历有限的情况下，更要注意志愿服务计划的精细化，合理安排服务时间、服务人数，有利于保证志愿服务质量，使相关的志愿服务健康、持续地发展。③要进一步壮大志愿者队伍。在高校举办临终关怀体验等系列活动，鼓励大学生志愿者参与其中，扩大临终关怀项目的影响力，吸纳热心的志愿者加入临终关怀义工行列。

第十章 医疗卫生公益活动

随着科学技术的发展和社会的进步,人们对健康的认识也发生了巨大的变化,人们对医疗卫生服务的需求已经不满足于有病就医,而是健康长寿。医学模式也从生物医学模式向生物—心理—社会医学模式转变。因此,医学科学的目标已经从减轻患者痛苦与恢复健康,扩展到维护健康进而促进健康。医疗卫生工作的主体人员是临床医师等专业医护人员,但现阶段我国医护人员的主要工作仍是满足群众在患病时接受治疗的需求,而对健康保健知识普及方面的工作仍无力顾及。在这种情况下,大学生志愿者群体在开展医疗卫生公益活动的过程中帮助群众发现疾病、宣传健康知识、提高生命质量,无疑为医疗卫生工作提供了有力支持。

第一节 医疗卫生公益活动及其准则

大学生医疗卫生公益活动与其他类型的大学生公益活动有

何区别呢？在探索大学生开展医疗卫生公益活动的相关问题前，有必要先界定大学生医疗卫生公益活动的概念。

一、大学生医疗卫生公益活动的定义

对于医疗的定义，《辞海》分为两个方面进行阐释：一是指医治；二是指疾病的治疗。而卫生是指能预防疾病以及符合卫生要求的状况。因此，医疗卫生包括能保障人民健康和能提高卫生状况、治疗疾病的过程。

现代意义上的公益，意味着一种行动和实践，不为获得利润，而是为造福他人乃至整个社会，促使人类世界在政治、经济、文化、环境等方面的进步，同时，公益行动者也能获得身心发展。① 不难看出，与"医疗卫生公益"相比，"公益"的范畴更大，它既包含医疗卫生等促进人类健康素质的活动，还包括教育、文化、环境保护等活动，医疗卫生公益源于公益，公益活动应该包含对有需要的人群开展的医疗卫生公益活动。

由此可见，大学生医疗卫生公益活动是大学生志愿者自愿以个人或组织的形式开展的，以保障公众健康和提高社会医疗卫生状况为内容的公益服务活动。

---

① 参见钟一彪《大学生社会公益实践导论》，中山大学出版社2012年版，第2页。

二、大学生医疗卫生公益活动的准则

大学生志愿者开展医疗卫生公益活动产生的效果是双向的,不仅为服务对象带来改变,促进人类身心健康,促进社会和谐,同时也有利于志愿者自身的成长发展。但鉴于医疗卫生的特殊性和重要性,大学生志愿者开展此类公益活动时,仅仅具有满腔热血和激情是不够的,还应遵循医疗卫生方面的专业伦理准则。

(一)遵纪守法

医疗卫生相关法律、法规、制度,既是对医疗工作秩序的规范,也是对医疗职业严肃性的维护;既是对医疗卫生人员工作的要求,也是对医疗卫生人员自身权益的保护。因此,医疗卫生公益活动的主体人员要自觉遵守国家法律法规,遵守医疗卫生行业规章和纪律,严格执行医疗卫生公益活动的各项规定。这样才能做到对工作负责、对群众的生命健康负责,才能维护医疗卫生行业的良好声誉。

(二)以人为本

以人为本是中国传统文化的核心,是医疗卫生事业根本宗旨的体现。因此,大学生志愿者开展医疗卫生公益活动时,要密切联系群众,依靠医院、政府部门、企业等各方力量的支持，在健康宣教、疾病防治、职业病防治、病人群体帮扶等方面贡献力量。在开展医疗卫生公益活动时，大学生志愿者要坚定树立对服务对象负责、对社会负责的信念，在此基础上处理好各方面的利益关系，始终把人民群众的生命安全和身体健康放在第一位。

（三）专业精神

专业精神既指专业服务能力，也指服务中善待服务对象的精神。随着时代的进步和社会的发展，人民群众对医疗卫生服务的范围和质量都提出了更高的要求。因此，医疗卫生公益活动的义诊人员自身要有较好的专业技术、丰富的临床知识和经验，具有独立诊治疾病的能力，并能掌握规范操作的技术；医疗卫生公益活动的宣教人员则要有规范的宣教内容、科学的宣教方法，言语文明，让群众在接受义诊或宣教过程中获得专业的诊疗或健康知识。健康所系，性命相托，尊重生命是医德最重要的思想基础和最突出的人文特征。医疗卫生公益活动组织者和参与者要了解心理学、伦理学、社会学等人文社会科学知识，掌握流行病学知识，掌握心理、社会、环境等因素对人的影响，以及进行健康教育的技巧；要遵守医学伦理道德，尊重服务对象的知情同意权和隐私权，维护其合法权益。

(四) 科学态度

医疗卫生服务稍不注意就有可能造成患者病情加重、产生医疗纠纷等严重后果，来不得半点虚假和马虎，因此对医疗卫生从业人员有很高的要求，对医疗卫生公益服务者也不例外。因此，大学生志愿者需要用严谨认真的科学态度去对待每一位服务对象，对待每一项具体工作。例如，宣传医疗卫生知识前一定要进行专门培训或系统学习；对有需要的人群进行义诊或派发药物时也一定要由执业医师负责；等等。

(五) 预防为主

"预防为主"是我国医疗卫生工作的根本方针。大学生志愿者进行医疗卫生公益服务时，一般无法为服务对象进行手术等疾病治疗，但可以通过义诊发现疾病，通过疾病防治和健康宣教来防止疾病发生，从根本上提高人民的健康意识和健康水平。为此，医疗卫生公益活动必须深入社会人群之中，深入医疗卫生水平较低的贫困山区去，使"预防为主"的工作方针落到实处。

三、大学生医疗卫生公益活动的意义

大学生志愿者开展医疗卫生公益活动，有利于满足社会中相关人群的需要，为社会弱势群体解除健康隐患；有利于树立大学生志愿者以及医务工作者的正面形象，获得社会认同；有利于提升大学生志愿者的专业服务能力，促成其自身成长。

（一）满足社会需要

满足社会成员的需要是大学生志愿者开展医疗卫生公益活动意义的最直接表现。如义诊、咨询、宣教、送医送药等，虽然涉及面和服务群众数量有限，但至少可以使一部分有需要的民众受惠，帮助他们消除健康隐患。如果医学专业的大学生志愿者能够长期坚持开展医疗卫生公益活动，通过成立公益服务社团的方式持续开展定点、定类或定时的医疗卫生公益活动，则实际获益的社会民众数量将不容小觑。

（二）树立正面形象

开展医疗卫生公益活动一方面有利于树立大学生志愿者的良好社会形象，另一方面也有利于树立医务工作者的正面形象。社会公众对于医疗卫生行业、医务工作者的接受和认同取决于公众自身的心理和文化认同，医学生开展医疗卫生公益活动，服务社会人群，其本身的公益性不但有利于塑造医疗卫生行业和医务工作者的良好形象，增进其社会美誉度，还有利于缓解当前紧张甚至对立的医患关系，促进我国医疗卫生事业的健康发展。

（三）提升专业服务能力

医疗卫生公益活动使长年在"象牙塔"中学习的医学生有机会接触现实中鲜活的病例，增进对社会各阶层的认识，不但能够提升医学生的沟通交流能力，而且让医学生了解不同阶层、不同环境导致的健康问题和治疗需求的差异性；同时，有利于培养医学生对生命的敬畏，提升其医学人文素养。医学生通过医疗卫生公益活动，能够感受到自己所学专业在服务社会民众方面的价值，进而激发他们专业学习的热情，使得专业学习与社会服务形成良性互动。

第二节　医疗卫生公益活动的策划

大学生志愿者开展医疗卫生公益活动之前，首先要做好活动的策划工作，以此指导公益活动的后续开展。在医疗卫生公益活动的策划过程中，要考虑到服务类型、服务内容、活动场地、服务时间以及受众需求等。

一、明确服务类型

目前，大学生志愿者参与或组织开展的医疗卫生公益活动从面对的任务来看，大体包括医疗类捐助救人宣传活动、疾病诊断治疗及健康宣教、重大事件中的医疗服务和医疗卫生调查研究活动等类型。

(一) 医疗类捐助救人宣传活动

大学生作为公益志愿服务的生力军,大多积极参与和组织各类社会公益活动,如捐血等。此外,大学生对新兴知识和事物的接受能力较强,对于如"骨髓捐赠知识普及""遗体捐赠知识普及""造血干细胞捐赠知识宣传"等特殊的医疗类捐赠项目的宣传活动,他们比其他群体更愿意积极响应,并乐于在社会中传播捐赠的理念和精神。

(二) 疾病诊断治疗及健康宣教

随着公益精神在高校中的普及,公益活动在大学生中蓬勃开展,疾病诊断治疗及健康宣教已经成为大学生参与医疗卫生公益活动的一种重要形式。以中山大学为例,2012年学校层面组织的各类公益活动中,以疾病诊断治疗及健康宣教为主题组队并通过立项的活动达34项。同时,高校医疗卫生公益性社团也纷纷成立,如"急救队""康复协会"等各种医疗卫生专业社团不断涌现。

(三) 重大事件中的医疗服务

医学生作为大学生群体中的特殊群体,他们心系国家,关注医疗卫生公益事业,关注社会困难群体。近几年我国的许多大型活动，如奥运会、世博会、亚运会、大运会等，都有许多医学生参与医疗服务的案例。在一些重大事件中，如2008年汶川地震，中山大学的医学生和专业医护人员组成了中山大学附属医院抗震救灾服务队，奔赴灾区，开展医疗服务。

（四）医疗卫生调查研究活动

医疗卫生调查研究活动是指大学生围绕某个医疗卫生方面的研究课题，主动深入社会进行调查研究、获取信息、解决问题的过程。大学生通过在校学习，已经掌握了科学研究的基本方法和基本技能，可以将所学的专业知识应用到医疗卫生调查研究活动中。如在中山大学"橙丝带在行动——珍爱健康，舞动生命"揭阳女性健康调查活动中，大学生们围绕揭阳地区女性健康问题的主题，设计了调查问卷。由活动成员在揭阳市区人流量较大的两条街道以及乡村、校园随机抽取女性进行问卷调查，以期通过这次调查，最大限度地了解揭阳市城市居民、农村居民、学生等社会群体对女性健康的了解状况。

二、明确服务内容

医疗卫生公益活动的服务内容繁多，包括环境与健康、食品与健康、职业与健康、心理与健康、社区卫生服务等诸多方面。

（一）环境与健康

环境是人类赖以生存的物质基础。人类与环境保持着一种密不可分的、协调的动态平衡关系①，环境质量的优劣直接影响人类生存和健康发展水平。生物因素、化学因素、物理因素和社会心理因素是影响人类健康的重要因素，这些因素在各种人为或自然的影响下逐渐改变，造成环境质量的恶化，进而对人类的健康造成直接或间接的有害影响。如禽流感危害人类健康、化学污染对人类有致癌危险等。因此，树立环境保护意识、完善卫生标准，是防治环境污染的重要途径。

（二）食品与健康

食物是人类赖以生存的基本条件。随着经济发展和生产力水平的提高，粮食和肉蛋类食物生产的增收，一方面为消除营养缺乏和改善居民健康提供了物质基础，另一方面也导致膳食结构、生活方式和疾病类型的变化，特别是高能量、高脂肪和高盐食物，导致许多慢性病产生。恶性肿瘤、脑血管疾病和心脏病已位居中国居民死因的前三位。② 因此，对群众膳食和营养进行科学指导也显得日益重要。

---

① 参见仲来福《卫生学》，人民卫生出版社2008年版，第7页。
② 参见仲来福《卫生学》，人民卫生出版社2008年版，第87页。

（三）职业与健康

人类在劳动中改造自然，同时，劳动也是保证人类生活、促进人类健康的必要条件。但是，人们在从事各种劳动的过程中，不良的劳动条件也会影响劳动者的健康，甚至危及生命。职业有害因素引起的不良健康影响是当前比较严重的公共卫生问题之一。[1] 常见职业性疾病有慢性支气管疾病、骨骼及软组织损伤、心血管疾病、生殖功能紊乱、心身疾病等。因此，定期进行在岗健康检查、离岗健康检查以及应急健康检查，普及良好的卫生习惯和行为方式，对于职业病的预防至关重要。

（四）心理与健康

随着社会生产力的发展，人类在控制和利用自然方面已经取得了巨大的成就，但是日常生活中的许多因素，如生活中的重大事件、不良人际关系、工作紧张、现代化生活压力等导致心理经常处于紧张状态，从而引起身心疾病，如头痛、神经衰弱、抑郁症等。近年来，这些疾病发生率迅速升高，不容忽视。[2] 因此，进行心理健康教育和健康运动的宣传对心理健康有正面影响。

---

[1] 参见仲来福《卫生学》，人民卫生出版社2008年版，第170页。
[2] 参见仲来福《卫生学》，人民卫生出版社2008年版，第239页。

（五）社区卫生服务

人们的社会生活不是在抽象的环境中，而是在特定的环境中实现的，这个特定的环境就是社区。社区对于人们的社会化及身心健康有着明显的作用和影响。社区卫生服务包括健康检查、疾病普查普治、优生学服务、心理健康与咨询、计划免疫管理、社区传染病管理、社区卫生管理、健康教育、肿瘤和慢性病防治等。[①] 大学生志愿者在进行社区卫生服务时，尤其要注意关注社区中的弱势群体的需求，如儿童青少年预防保健、妇女预防保健、老年人预防保健、需要临终关怀的老年人等。

此外，大学生志愿者还可以根据地域、社会热点、群众的实际需要选择最合适、最具效果的公益活动主题，如近几年乳腺癌和宫颈癌高发，大学生志愿者可以以此确定宣传女性健康知识的主题；现阶段许多群众对造血干细胞了解不多，大学生志愿者可以以"造血干细胞捐赠知识宣传"为主题开展公益活动。

三、确定活动场地

活动场地的选定要以方便服务对象为主，这是公益服务可得性的重要方面。若服务对象是普通群众，则以社区中心或医

---

① 参见仲来福《卫生学》，人民卫生出版社2008年版，第259页。

院、卫生所、服务站等人流量大或患者较多的地方为主。若以家庭或特定病患，如老年人、儿童青少年、残疾居民、贫困居民等为服务对象，则要以主动服务和上门服务为主，到目标群体集中的地方开展服务。

四、确定服务时间

服务时间要与服务对象、服务内容、活动场地的实际情况相统一。例如，活动场地在中小学的，服务时间就需定在非寒暑假时间；服务对象是基层群众的，服务时间就需定在节假日、市集日等人群外出活动时间。此外，要注意做好时间调剂的预案，把最好和最坏的情况都预估到。

五、确定受众需求

在开展公益服务活动之前，要事先到项目服务地域对服务对象的实际需求进行问卷调查或深度访谈，使项目组成员能掌握服务对象的想法和需求，以便有针对性地提供帮助，达到最佳服务效果。

第三节　医疗卫生公益活动的进程

大学生医疗卫生公益活动的内容丰富、形式多样，活动的实施是否成功是公益服务能否达到目标的关键。医疗卫生公益活动的整个进程大体包括前期准备、项目实施以及效果评估三个阶段。

一、前期准备

前期准备工作包括制订工作方案、筹备项目经费、进行人员培训、联系相关单位、开展前期宣传等。

（一）制订工作方案

为保障公益活动的顺利进行，项目团队在前期准备时需制订专门的工作方案，对公益服务目标、项目流程、服务对象、服务地点、服务时间、行为规范、工作分工等进行设计，还要制订突发事件处理预案、项目进程的质量监控等。要对项目的每一个细节进行认真商讨，活动流程要尽可能详细，特别是预想到可能发生的困难和问题，制订解决方案。

（二）筹备项目资金

对项目将产生的各项费用进行预算，用清晰明了的形式列出。然后根据项目预算，通过多种形式和途径筹备所需的项目资金。

（三）进行人员培训

必须在思想意识、医学伦理、团队精神、业务能力等方面对医疗卫生公益活动参与者进行集中培训。一是通过邀请有经验、有能力的优秀学子介绍经验和方法;二是通过专业教师为项目组成员进行业务培训,提升其技术水平以及解决问题的能力。

(四)联系相关单位

在医疗卫生公益服务中,需要联系的单位也许是多方面的,原因也是多样的。可能会涉及的部门包括地方政府、卫生局、医院、其他企事业单位等。

1. **地方政府**

大学生志愿者开展医疗卫生公益活动要获得地方政府的许可与支持,必须做到针对地方政府关心的问题,结合自身的实际情况,与地方政府合作,共同策划组织和举办活动,例如针对麻风病村的帮扶活动、妇幼知识普及活动、爱牙护齿宣教义诊活动等。活动应有利于解决当地社会问题,有利于维护当地人民身体健康,有利于促进社会和谐,这样才能更大程度地获得地方政府的支持,取得良好的活动效果。

2. **卫生局**

开展医疗卫生公益活动要尽力获得当地卫生局的支持。卫生局是地方各级医院的主管部门,分管食品卫生、执业医师法的实施、医疗事故的处理等工作。卫生局如果可以与当地医院进行联系沟通,将更有利于大学生志愿者在当地开展医疗卫生公益活动。

3. 医院

开展医疗卫生公益活动要与当地医院合作，当地医院更了解该地区的医疗条件和医疗水平，可以较好地对公益活动的效果进行早期评估，同时，公益团队也能获得应对突发医疗卫生事件的帮助和支持。另外，大学生志愿者在开展医疗卫生公益活动的同时，可以学习到应对常见病的一些知识。在硬件材料上，也可以争取当地医院的支持，这样才能使公益活动取得良好的效果。

4. 其他企事业单位

大学生志愿者开展医疗卫生公益活动最好获得企事业单位的支持。大学生志愿者参加医疗卫生公益活动，无论在条件保证还是在经济支撑方面，都有较大的限制，而与企事业单位合作，可以获得较多的经济支持，减轻参加医疗卫生公益活动的大学生志愿者的经济压力和心理负担。

（五）开展前期宣传

"宣传工作必须是社会公益组织贯彻始终的一项长效工作，宣传工作除了大型活动的强势宣传外，还需注重日常宣传。"① 大学生志愿者开展医疗卫生公益活动可以采取形式多样、有创意的宣传方式,广而告之,扩大影响力。例如,可以采取线上和线下两种宣传方式。其中,线上宣传是指借助网络工具,如媒体网站、校园网、微博的力量进行信息推广;线下宣传指常规宣传模式,如海报、横幅、传单等,若是在通信条件不发达的边远山区进行宣传,可以借助村委会的宣传力量,也可以采取活动前的走访宣传等方式。

二、项目实施

医疗卫生公益服务项目在实施阶段实际上就是服务有需要的人群的过程,这是项目的重中之重。因服务类型的不同,在公益活动中应采用不同的方式实施。

(一) 健康宣教活动

大学生志愿者进行医疗卫生公益服务的健康宣教活动主要是向广大民众宣传卫生知识、普及健康知识,以摆摊、公益讲座、网站宣传等方式进行,重点宣教人群包括社区居民、中小学生、妇女、基层民众或贫困山区群众。

---

① 张丽君:《NGO 公益项目传播管理》,载《国际公关》2007 年第 3 期,第 63 页。

（二）义务诊疗活动

大学生志愿者开展义务诊疗活动，通常在政府管理部门、正规医院或医药卫生协会的组织或支持下，在执业医师的指导下，主动进行义务诊疗以服务群众。义诊有利于树立医务人员救死扶伤的良好形象，更能体现"医者仁心"的本色。大学生志愿者开展义务诊疗活动，一定要讲求规范，在义诊前必须进行专业培训，在义诊过程中要有专业医生的指导，并且要注意杜绝卖药、卖保健品等商业营销活动。

（三）医疗卫生调研

根据设定的调研目的，设计好调研问卷或访谈提纲，分发问卷并进行访谈。医疗卫生调研要注意调研问卷或访谈提纲的结构设置要合理，问卷问题应结合当地的实际情况，问题要有代表性，使回收数据能够真正反映实际情况，以达到真正了解该地区的医疗卫生状况的效果。

当然，在项目实施过程中，可以根据实际需要，邀请新闻媒体进行全面持续的跟踪报道，引起社会各界的注意，扩大活动影响，以服务更多有需要的人群或获得更多的社会支持。

三、效果评估

对于大学生医疗卫生公益活动来说，在项目完成后通常需要进行效果评估并形成评估报告。进行效果评估也是改进和发展公益服务项目的必要措施。

(一) 评估内容

大学生医疗卫生公益活动的效果评估应包括以下四个部分：第一，成效评估，即评估是否达到目标或达到目标的程度；第二，适合性评估，即活动的实施是否与服务对象的需求相符合；第三，可接受性评估，即活动是否用一种服务对象比较能接受的方法进行；第四，效率评估，即活动的时间、经费、资源的花费是否恰当，是否取得了效益。

(二) 评估类型

公益服务项目的效果评估不仅要评估结果，而且要对项目的过程进行评估，对项目的影响进行评估，最后还要对项目的结果进行评估。[1]

1. 过程评估

在公益服务项目实施过程中，对项目过程的监控实际也是一种项目评估方式。项目结束后对项目过程进行的评估实际上是一种复盘的方式，对公益服务项目的实施过程再次进行反

---

[1] 参见胡德渝《口腔预防医学（第六版）》，人民卫生出版社2012年版，第191页。

思，以总结项目实施过程中的经验得失。

2. **影响评估**

影响评估是评估公益服务项目对服务对象所产生的影响。如"爱牙护齿"宣教义诊活动结束后，可以邀请服务对象来分享他们刷牙方式的改变，以及项目对他们产生了何种程度的影响，宣教义诊活动是如何影响他们的口腔保健观念的。影响评估既可以用定量的方式进行，也可以用定性的方式开展。

3. **结果评估**

结果评估是对公益服务项目的长期作用的评价，比较项目实施前后与项目相关的对象的行为变化、健康状况的变化等，还可以对所有项目参与者与非项目参与者进行比较研究。由于结果评估比较复杂，且要长期跟踪调查，实施起来有一定的难度，涉及的费用也会比较多。

第四节　医疗卫生公益活动的案例

一、橙丝带在行动[①]

（一）项目简述

现代女性由于本身有经、带、孕、产等特殊生理过程，日常生活中又肩负着工作、家庭的双重压力，常常缺乏关爱自身和预防保健的意识，被女性疾病等病痛困扰也往往是难免的。近年来，乳腺癌和宫颈癌已成为严重危害女性健康的两大"杀手"。然而，对于这些疾病，现代人了解多少呢？又引起了怎样的关注与重视呢？我们有没有必要加大宣传力度，引起大家对女性健康更多的关注呢？

揭阳市作为粤东古邑，有着2000多年的历史，农村人口较多，山区人口不少，传统思想根深蒂固。由于其特殊的地理位置及人文环境，大部分揭阳居民文化水平依然较低，与外界的接触也有限。

[①]　"橙丝带在行动"引自中山大学"亚德客"校园公益实践项目报告。团队成员有刘港生、钟泳海、吴喆滢、周曼佳、陈师琪、周欢欢、高洁丹、陈晓忠等。

（二）项目目标

通过调研等形式了解揭阳市城市居民、农村居民、学生等社会群体对女性健康的了解情况，并以宣讲、宣传等方式引起社会对女性健康的关注。

（三）前期准备

1. 联系相关单位

（1）揭阳市妇联。队长刘港生同学主动联系揭阳市妇联，向市妇联仔细介绍项目设想，并请教有关此次活动举办的一些注意事项。揭阳市妇联了解到此次活动的意义后，对项目给予充分的肯定，表示将大力支持"关爱女性健康"系列活动。

（2）安真妇产医院。1月18日，陈师琪同学正式与揭阳市安真妇产医院取得联系；1月19日，成员刘港生、陈师琪、周欢欢同学到揭阳市安真妇产医院，向医院领导杨主任说明了项目由来和目的，希望医院能提供医护人员及专业方面的支持。由于项目策划详细可行，并且为社会作奉献的想法深深感动了医院领导，院方愉快地答应给予支持。

安真妇产医院是揭阳市近年来成立的一所专业妇产医院，考虑到其成立时间较短，日常工作中较少接触医疗教育方面的内容，因此可能缺乏开展健康教育的经验，经过团队协商，决定邀请揭阳市人民医院妇产科医生或揭阳市榕城区妇幼保健院的专业人士作为健康讲座主讲人。1月21日,周欢欢、陈师琪、高洁丹同学开始联系市人民医院,在其以公务繁忙为由拒绝后转而联系榕城区妇幼保健院。榕城区妇幼保健院副院长黄文文耐心地听取了我们此次活动的具体情况,分析和指正了项目策划方案,积极支持此次活动,并指定蔡希曼医生担任此次健康知识讲座的主讲人,因为蔡医生在青春期女性身心健康方面有较为深入的研究。

2. **设计调查问卷**

团队成员联系实际情况,在查阅相关资料的基础上,针对女性常见的疑问设计了贴近女性群体的问卷内容,目的在于获取受访群体对于女性健康知识的了解程度,以确定日后活动开展的侧重点。

3. **确定活动场地**

此次活动最终确定以揭阳市渔湖试验区彭林村和东寨村作为实施地点,具体的活动场所为彭林村老年活动中心和东寨村村委会大楼。选择这两个地点是因为彭林村和东寨村都属于渔湖试验区的大村,地处繁华路段,人流量大,外来人口多,符合广泛传播女性健康知识的工作目标。1月25日,由陈晓忠同学负责联系两村村委会。表明来意后,村委会干部也爽快答应大力支持和配合活动的开展,彭林村老年活动中心的老人们听闻此次公益活动,还不停称赞大学生为社会无私奉献的精神,让团队成员备受鼓舞。

学校方面，由钟泳海、高洁丹同学负责联系揭阳市第一中学的相关领导。几经周折，揭阳市第一中学的领导认识到此次活动的积极意义，同意腾出场地，让专家为高一女生讲授有关青春期女性生理及心理健康保健知识。讲座开展时间原定为春节之前，考虑到1月底至2月初是高中学生紧张备考的时间段，因此不得不适时作出调整，重新定为正月初九，恰于学生刚刚返校之际，学习任务暂不繁重，从心理上较为容易接受这一类讲座活动。

4. 联系新闻媒体

为了扩大影响力，钟泳海同学联系了《揭阳日报》前来报道；周曼佳同学则联系了揭阳电视台《民生热线》栏目组前来采访、拍摄参与揭阳市第一中学的讲座的相关人员。

（四）项目进程

1. 城区问卷调查

1月22日，周曼佳、钟泳海、吴喆滢、陈晓忠同学选择了在揭阳市中心榕城区的步行街、东风广场等行人众多的繁华路段，随机抽取过路女性进行问卷调查。受访女性大多积极配合，为调查工作提供了确切可信的第一手资料。

调查工作过后，由周曼佳同学负责统计数据及进行相关的分析工作。由统计结果获知，现代女性常常受到来自家庭、工作抑或学习、人际交往等方面的压力，这常常是导致一些生理疾病的原因，不少女性缺乏对生理保健方面知识的了解，也常常缺乏关爱自身和预防保健的措施。此次问卷调查的统计结果，使得接下来的活动和讲座更具针对性和实效性。

2. 彭林村宣讲活动

1月30日上午，刘港生、钟泳海、陈晓忠等同学来到渔湖试验区彭林村确定女性健康知识宣讲会的最终事宜，包括宣讲场地的布置、音响投影设施的准备以及相关海报的张贴。

下午两点，橙丝带活动小组集体出动，一同奔赴彭林村，为女性健康知识宣讲作准备。宣讲活动过程中，由刘港生、钟泳海同学与揭阳市安真妇产医院的主要负责人商议妥协一切事宜，定下宣讲会的具体时间；由周欢欢同学负责现场的拍摄工作；周曼佳、陈师琪、高洁丹、陈晓忠同学则负责广播宣传、挨家挨户告知村民等前期宣传工作，邀请农村妇女前来听讲。同行的不少同学也加入了宣传的行列。

下午三点，宣讲正式开始。老年活动中心熙熙攘攘，很多女性纷纷前来参加活动，看得出她们是希望了解更多女性健康知识的。结合之前问卷调查得出的结论，来自安真妇产医院的医生为大家着重介绍了癌症方面的问题和妇科疾病的危害及其预防治疗方法，在场妇女认真听讲、积极提问。正值春节来临之际，安真妇产医院和橙丝带活动小组还在现场互动环节赠送了食用油、酱油等礼品。此外，到场的医生还免费发放医院体检卡和女性健康知识小册子，并提供简单的现场咨询、检查。

参与活动的妇女对此次活动大都予以好评，不少人表示"了解了不少以往所不了解的知识"。

3. 东寨村宣传活动

1月31日，橙丝带活动小组与安真妇产医院再次出发，到揭阳市渔湖试验区东寨村进行宣传活动。上午，陈晓忠、陈师琪同学到村委会布置会场、进行宣传；下午两点半，安真医院工作人员和其他橙丝带活动小组成员全部到齐；三点，讲座正式开始。此次活动过程与彭林村的活动类似。讲座同样取得了良好效果，到场妇女众多，医护人员及小组成员得到了广大村民的衷心感谢，村委会主任陈雄伟还鼓励同学们多举办类似活动，为社会做更多有益的事情。

4. 高中生知识讲座

2月22日，橙丝带活动小组迎来了系列公益实践活动的最后一个项目——在高中开展有关青少年女性生理和心理健康知识的讲座。此次讲座的对象主要为揭阳市第一中学高一年级女生，由揭阳市榕城区妇幼保健院的蔡希曼医生为她们上了生动活泼的一课。讲座于下午学生放学后开始，其间以互动的形式，通过PPT展示，结合青少年的年龄和生理特点，分析了青少年心理健康的内涵，以及如何认识自己、悦纳自我等相关内容，同时介绍了具体可行的生理保健方法，让女生们了解了更多有关自身生理和心理的保健知识。另外，橙丝带活动小组事先上网查找并整理了青春期女生健康护理知识，自费印制成健康知识小册子，于讲座开始前分发给到场的每位女生。

讲座举办得相当成功，本是严肃拘谨的问题，蔡希曼医生却讲得相当轻松自如，让高一女生们愉快接受。讲座结束后，很多学生还跟蔡医生进行交流问询，相互之间留了QQ号，以便今后更深入的交流，这表明橙丝带活动小组在学校宣传这方面达到了比较理想的效果。当问及同学们对此次讲座的看法时，受访者一致表示获益匪浅，因为通过此次讲座，她们更加懂得了如何在学习压力繁重的情况下进行自我调节，也懂得如何更好地与他人相处。揭阳电视台《民生热线》栏目也来采访、拍摄，不仅了解了学生对此次活动的看法，也访问了队长刘港生同学以及周曼佳等同学，使橙丝带活动小组更大范围地推广女性健康知识的目的得以实现。

（五）自我评估

总体来说，此次以"关爱女性健康"为主题的橙丝带行动，各个阶段的活动都比较成功，项目的自我评价如下。

1. **准备充分**

"凡事预则立，不预则废。"此次活动也充分体现了这一点。正是因为有了翔实的考虑、周全的计划和充分的准备，此次活动才有了成功开展的前提。例如，橙丝带活动小组早期就积极联系医院和学校，申请并获得揭阳市妇联的支持，与安真妇产医院的工作人员以及揭阳市第一中学的领导商量，并有具体可行的策划方案。此次活动由开始至结束历时一个多月，时间上的充裕也使得各项准备工作进行得较为充分。

2. 分工合理

在活动开始之前，小组各成员已经明确任务，设计问卷、街头访谈、统计数据，奔走市妇联、各医院，还有联系学校和媒体等任务分配合理，而且也注意到了活动各方面的统筹协调。

3. 配合密切

多方面的密切配合，是活动得以完成的保证。例如，在渔湖下乡活动中，需要采用的横幅海报、健康知识小册子以及奖励村民参与的小礼品就是由安真妇产医院提供的；学校讲座方面则有榕城区妇幼保健院的相关领导的热情配合，有主讲医生的友善帮助；此外，还有揭阳电视台《民生热线》栏目、《揭阳日报》等媒体的关注等，为活动的顺利开展创造了良好的氛围。

4. 质量较高

从初期活动主题和内容的确定，到小组内部进行分工、联系相关部门，再到各活动地点工作的全面开展及高质量完成，一直到后期注意做好总结工作，活动全程充分做到了理论联系实际，让参与其中的同学得到了锻炼和提升。

5. 影响较大

此次活动服务对象广泛，涵盖了城市妇女、农村妇女以及在校学生，而且能够结合各年龄层的实际特点，借电视、报纸等媒体扩大宣传力度，较好地向各方面人士传播了女性健康知识，得到了参与者的好评。

6. 不足之处

不足之处主要有三个方面：第一，橙丝带活动小组成员不足10人，在分工上虽然能够确保各有所为，但在街头访谈、乡村宣传等环节略显气场不足、力度不够，从而对宣传效果有所影响。第二，小组各成员住所相距甚远，使得很多需要一同行动的工作受到了影响，在如何更加合理地按居住地域分配工作任务这一点的考虑上还略显不足。第三，考虑到高中生的课业问题，起初拟开展讲座的时间是在春节之前，最终改为正月初九，这个时间处于高校寒假即将结束的阶段，使得后期的工作有些匆忙。

二、"爱牙护齿"宣教义诊[①]

（一）项目背景

目前我国的口腔医学教育仍采用传统模式，课程设置或教学内容都是以课堂为中心、以教师为中心传授知识的教学模

[①] "爱牙护齿"宣教义诊活动引自"985工程"三期建设拔尖创新人才培养本科教育项目——专业与社会实践项目报告，项目负责人是林焕彩教授，团队成员有许俊卿、黎琳、郑广森、劳小媚、曾秉辉、刘瑶、何子华、杨乐等。

式,各院校教学计划中,大部分院校只有必修课,较少实践课,这种医学教育模式导致复合型高层次人才缺乏。随着社会的发展,医学模式已经从生物医学模式转变为生物—心理—社会模式,在这种新的医学模式下,医生不但要关注患病的人和人的情感状态,也要关注病人的社会群体状态。以建立持续性服务关系为主、以病人的利益及价值为主、需要透明度、信息共享、病人主导医疗、医疗决定以循证医学为主、预测病人所需、减少浪费、强调医疗人员合作、保证安全等10条是21世纪医疗制度的简规。因此,在现代社会,医学不但是科学技术与人文精神的统一,也是科学技术与科学管理的统一。

(二) 项目目的

"爱牙护齿"宣教义诊项目从人才培养的角度出发,通过公益活动的形式向有需要的人群提供专业服务,在此过程中深化口腔医学专业学生的专业知识,提高其专业学习兴趣,着力于提高医学生的沟通、协调和管理能力,培养医学生的团队精神和人文情怀。

(三) 活动前期准备

1. 建立实践教育基地

"爱牙护齿"宣教义诊项目分别对中山大学北校区幼儿园、广州市空军幼儿园、中山二路小学、建设六马路小学、广州市第六中学、中山大学附属中学、河源紫金县等地进行考察和研究，建立长期的实践教育基地，并培育定点公益服务项目。

2. 建立指导教师团队

指导教师团队成员包括口腔预防医学教授、博士生导师、口腔专业带教教师、护士以及学生工作人员，结构合理、分工明确，团结协作精神好；团队负责教师师德好，组织能力强，教育管理经验丰富，工作特色鲜明；团队成员具有较强的研究能力，工作效果显著；有多名专家、学者参与指导教师团队。

3. 制定项目成员工作守则

为了更好地推动项目的实施，在指导教师团队的帮助下，形成了本项目的成员工作守则，包含以下九个方面的内容：

（1）遵纪守法，养成守时的好习惯，一切行动听从指导教师指挥。

（2）树立安全观念和自我保护意识。在校外或下乡进行公益服务期间，未经批准，不得擅自脱离团队，不得私自外出游玩；确实需要外出的话，要携带手机并保持开机状态，告知本队负责的同学，并得到教师的批准。禁止到水库、池塘等地方游泳，不得进行其他有危险性的活动。

（3）时刻注意自己的言行举止，待人接物要有礼貌、有原则，将学校和学院的利益放在第一位，体现出中大学子应有的精神风貌。避免与当地民众发生纠纷。

（4）注意着装得体。应统一穿着院服。男生不得穿背心、短裤、拖鞋；女生着装应端庄大方，不得穿过短裙装。

（5）明确自己岗位的职责，办事认真，坚持原则，不拈轻怕重，不推诿责任，做到踏实严谨、高效负责。

（6）注意财产安全，避免带过多现金，保管好自己的贵重物品；离开住所时注意锁好门窗。如有可疑人员，要及时报告。

（7）注意个人卫生，不吃不洁净的食物，防止病从口入。注意做好防暑防晒防蚊工作。身体如有不适，要及时反映。

（8）要有全局观念和集体主义、团队合作精神，工作中互相帮助。

（9）能吃苦耐劳，不得以个人名义向当地接待部门工作人员提出任何关于食宿方面的要求。

（四）服务活动

1. 义务诊疗

（1）口腔义诊进校园。每年都有很多同学因为患有各种各样的口腔疾患到医院就医。有的同学是因为小时候乳牙保护得不好，影响了恒牙的生长；有的同学是不懂得如何有效地保护牙齿，平时都有刷牙、漱口，但由于方法不正确，结果还是患了牙病，不但影响美观，还直接影响了生活质量和身体健康。因此，为了让患有口腔疾病的同学尽快就医，让暂无口腔疾病的同学能够更有效地保护牙齿，懂得如何正确刷牙、选择牙刷，防止龋齿、牙周病等口腔疾病的产生，项目组在3月和9月特别是"9·20世界爱牙日"期间组织开展义诊活动。项目组的同学在有实习经验的毕业年级同学的带领下，在中山大学珠海校区举办大型口腔健康义诊咨询活动，为师生提供全面的口腔状况检查和咨询服务。此外，还争取到社区办事处、相关单位的协助，安排项目组成员到广州市建设六马路小学、空军幼儿园及中山大学附属第一医院儿科举行大型宣教义诊活动，使小朋友们都能清楚自己的口腔存在的问题，普及口腔健康理念。

（2）口腔义诊进山区。利用暑期时间，由项目组成员组成医疗小分队，在口腔医院医生和博士的带领下走进广东省贫困县河源紫金县琴口村和梅州平远县，为群众提供口腔医疗保健服务。项目组对部分村庄进行走访和义诊活动，对口腔常见问题、群众必备的口腔基本常识进行讲解；对山区的幼儿园、工厂等相关人群进行爱牙护齿的相关讲座。讲座之后，组织同学到人流量较大的广场开展免费口腔咨询及口腔保健知识宣传等活动。

（3）阶段性总结与访谈。①各项目服务结束后，开展针对项目参与者进行"爱牙护齿"宣教义诊活动的总结活动，由指导教师和带队教师点评项目参与者的公益服务情况，鼓励成员在服务过程中突出优点、克服缺点。②对参与项目的学生与教师进行座谈与深度访谈。

2. 宣教义诊

（1）口腔疾病免费诊疗。义诊过程中，针对项目所在地的实际情况，驾驶口腔巡回治疗车至珠海、河源紫金县琴口村、梅州平远县等教育实践基地，为患有口腔疾病的人群进行现场治疗，如补牙、洁牙、窝沟封闭等。

（2）口腔健康知识宣传。开展"爱牙护齿"口腔健康知识宣传、有奖口腔宣教等系列活动，针对未换牙的小朋友容易得龋齿的特点，到幼儿园、小学、医院儿童病区现场检查小朋友的口腔状况，并根据实际情况选择性地进行窝沟封闭，预防龋病的发生。

（3）口腔健康专题讲座。讲座着重普及牙齿保健知识、口腔疾病与身体疾病之间的关系，提倡有病早治、无病预防，最终提高生活品质的目的。讲座介绍龋齿、牙髓病、根尖周病、牙周病等牙科常见疾病的发生、表现和治疗，介绍学生中易见的智齿发炎以及拔除智齿的相关问题，简要介绍错𬌗畸形的矫正以及爱美的学生们关心的牙齿美白等问题，使得学生的整体口腔保健意识真正得到提高。

（4）口腔保健用品派送。为了激发大小朋友对口腔保健的兴趣，项目组在口腔义诊咨询活动现场和讲座活动过程中，举行爱牙日口腔保健有奖知识问答、互动游戏以及牙齿模型演示等活动,普及爱牙日的由来、如何正确刷牙、牙齿保健常识等知识,同时派发牙膏、牙刷、漱口水等口腔保健用品,不但增加活动趣味性,把爱牙护牙的教育目的融入快乐轻松的气氛中,还能让大家更了解口腔保健用品的功效、正确用法等。

(五)项目成效

1. 激发专业服务热情

对于口腔医学专业低年级的学生来说,参与"爱牙护齿"宣教义诊实践活动的经历,有利于他们更早地接触专业,为他们的学以致用提供了实践平台,也为丰富校园文化生活创造了良好的机会;同时,通过公益服务,激发他们了解社会、奉献社会的责任感。对于高年级学生而言,公益服务深化了他们对专业和社会的认识,为他们实现自我的能力和价值搭建了一个良好的平台。

2. 壮大公益服务队伍

随着公益服务内涵和外延的不断发展,每次活动都顺利而圆满地完成,参与爱牙活动的学生日益增多,活动受到师生和群众的高度赞扬。在中山大学,光华口腔医学院《口腔通讯》、《中大青年》杂志、广播台、中山大学官网主页都曾对"爱牙护齿"宣教义诊活动进行过详细的报道与专访;电台、电视台、社会媒体及杂志也曾对活动进行过跟踪报道,相关报道共计127次。

（六）项目评估

1. 覆盖面广

"爱牙护齿"宣教义诊活动的足迹遍布广东省多个县市、高校、中小学、幼儿园等，受惠人群包含各个社会群体，有大中小学生、幼儿园小朋友、工人、农民、少年犯、老人等。

2. 持续时间长

多年来坚持以"爱牙护齿"宣教义诊活动为契机，广泛深入地开展大众口腔健康促进活动，受到群众欢迎。

3. 专业性强

项目参与人员既有学生，也有教师，还有医生、护士，而且一些博士生导师也参与其中，具有很强的专业性。同时，许多同学都认为，参与公益服务使他们深化了对专业学习重要性的认识，也感受到加强人们口腔健康的迫切性，激发了专业学习的兴趣，增强了专业学习的动力。

4. 社会效益好

"爱牙护齿"宣教义诊活动整合了中山大学光华口腔医学院、附属口腔医院以及企业的力量，多年坚持为群众提供免费服务。新闻媒体对活动极为关注，使得许多相关企业纷纷加入公益服务，如高露洁公司每年资助在"爱牙护齿"宣教义诊活动中免费派送的护牙洁牙用品，使得活动规模日盛，达到了多方共赢的效果。

第十一章　文化教育类公益活动

　　大学生文化教育类公益活动，顾名思义是以文化教育为主题的大学生公益活动。谈到文化教育，就涉及一个文化与教育之间的关系问题。19世纪末以来，无论是在文化（文化人类学）上，还是在教育理论上，都出现了一些流派，他们从不同角度对文化与教育的关系进行了研究。以早期的狄尔泰（W. Dilthey）和后来的斯普格朗（E. Spranger）、李特（T. Litt）等为代表的文化教育学派将教育导入文化之域，认为教育的本质是文化传递，"教育即文化的别名"。以杜威（J. Dewey）为代表的实用主义学派则对文化与教育的关系进行了全面的阐述，认为教育是文化的一个组成部分，是文化的继承者和传递者。而以康茨（G. S. Counts）拉格（H. Rugg）为代表的改造主义学派则认为教育是改造文化的工具。① 因此，在开始探讨大学生文化教育类公益活动之前，有必要对文

---

① 参见郑金洲《教育文化学》，人民教育出版社2000年版，第55~69页。

化教育作一些阐述，在此基础上进行文化教育类公益活动的界定。

第一节 文化教育类公益活动的界定

文化，是一个非常宽泛的概念，或者应该说是一个含义非常模糊的词语，似乎什么东西都可以往"文化"里放，什么东西后面都可以缀以"文化"二字，如"茶文化""酒文化"等。20世纪以来，许多研究者从自己所属的学科和研究对象出发，对文化提出了各自的界定，就目前来看，这些界定远未达成共识。据不完全统计，有关文化的定义已不下300种。[①]

一、文化之界定

文化，通常有广义和狭义之分。广义的文化是指人类后天获得的并为一定社会群体所共有的一切事物。它使人区别于动物，是人类对生活环境进行加工改造的结果。一般来说，它包括紧密相连的三个层面：物质层面、制度层面和精神层面。而狭义的文化则指一定社会群体习得且共有的一切观念和行为。它与广义文化的最大区别是剔除了"物"的成分，把文化更

[①] 参见郑金洲《教育文化学》，人民教育出版社2000年版，第2页。

多地看作一个受价值观和价值体系支配的符号系统。①

在探讨文化与教育的相互关系时，大多是就狭义文化而言的。缘由有三个方面：一是狭义文化已基本揭示了文化现象和其他社会现象间的区别与联系，抓住了文化的概貌；二是狭义文化与教育的联系更为紧密，对教育的影响和作用更为直接；三是对文化定义得过宽或过窄，都不便于对文化教育的界定。可以说，狭义文化的界定，为正确看待、分析文化与教育提供了一个理论基础。②

从文化的层次上，可将文化区分为世界文化、种族文化、民族文化和阶层文化；从文化的共享范围上，可将文化区分为宏观文化和微观文化；从文化的价值取向出发，可将文化区分为主流文化、亚文化和反文化；从文化的内容出发，可将文化区分为物质文化、制度文化和精神文化。③ 从文化的传播方向来看，可分为两种类型：一种是文化的纵向传播，表现为同一文化知识、观念、价值规范等的传承，与我们通常所说的文化传递大体无异；另一种是文化的横向传播，表现为不同文化的接触、采借，与文化输入、文化借用类同。④

---

① 参见郑金洲《教育文化学》，人民教育出版社2000年版，第4～6页。
② 参见郑金洲《教育文化学》，人民教育出版社2000年版，第6页。
③ 参见郑金洲《教育文化学》，人民教育出版社2000年版，第133～138页。
④ 参见郑金洲《教育文化学》，人民教育出版社2000年版，第103页。

二、文化教育

根据上述狭义文化的界定，文化涉及广义文化中的制度与精神层面，并且更为直接地与精神层面相维系。就文化的精神层面来说，主要可以归为以下三个方面的内容：知识（包括经验）、价值规范和艺术。① 对各项内容再细分，知识包括宗教、哲学、语言、文学、科学；价值规范包括民族精神、集体心理、世界观、价值观、人生观、规范、规则、礼仪、行为准则、风俗习惯；艺术指艺术形式、美感等。然而，知识、价值规范和艺术的认识与获得离不开教育，三者分类的内容或含有教育上的意义，或将教育隐含在其中。由此可以看出文化与教育的联系之紧密，当中，教育是文化的表现形式，是文化中的一个重要组成部分。

回归辞源，对文化与教育的关系进行历史考察，发现汉语中"文化"一词的演变比较复杂，从最初指"文饰""文理"的"文"到指人格及修养的"文"，从"文""质"对举到"文""化"对举，再到"文化"含义，有一个漫长的过程，其间蕴含着"文"及"文化"含义的延伸与扩展，蕴含着与教育千丝万缕的联系。其中，"文"指礼乐、法则或制度，"化"指教育化成，"文"与"化"联结起来，就有了"文

---

① 参见郑金洲《教育文化学》，人民教育出版社2000年版，第7页。

化"的基本含义。① 因此,辞源再次考证了文化与教育的密切联系,但这不代表文化就等于传授知识,也不等于教育。文化与教育的相互依存,使教育的各个方面无一不打上文化的"烙印"。一方面,各种不同的文化无孔不入地渗透到教育过程中;另一方面,教育无时无处不在,且程度不同地反映着这些文化。②

综上所述,文化教育不同于文化中的教育或教育中的文化,在形式上,文化教育中的"文化"与"教育"属并列关系;在内容上,"文化"与"教育"的关系更多是包含与被包含、整体与部分的关系。

三、文化教育类公益活动

在明晰文化教育的定义之后,接下来将讨论什么是大学生文化教育类公益活动?大学生文化教育类公益活动的类型有哪些?为什么有必要开展文化教育类公益活动?

(一)大学生文化教育类公益活动

大学生文化教育类公益活动是指大学生自愿以个人或团队形式参与,以实现文化传播、知识普及为目标,通过设计并创

---

① 参见郑金洲《教育文化学》,人民教育出版社2000年版,第31~37页。
② 参见郑金洲《教育文化学》,人民教育出版社2000年版,第133页。

建一系列与目标相关的活动平台，从而达到提高服务对象或服务对象所在地区的整体文化水平的公益行动。

首先，大学生文化教育类公益活动的主体是大学生个人及其组成的团队。其次，大学生文化教育类公益活动的目的是向服务对象传播文化、普及知识，从而提高服务对象或服务对象所在地区的整体文化水平。一般来说，文化教育类公益活动的服务对象多为文化教育水平较为落后的人群，他们的文化"贫困"或源于农村地区的贫困，如我国西部地区和东中部地区零星分布的一些贫困地带；或源于城市地区的贫困，主要是指一些民政部门的救助对象；或源于流动人口的贫困。[①]

（二）大学生文化教育类公益活动的形态

从文化的层次、价值、内容、传播等方面可对文化教育进行不同类型的划分，由此产生的不同类型的文化教育也将影响公益活动的表现形式。从公益活动的表现形式对大学生文化教育类公益活动进行分类，大致可分为文化设施建设和文化知识普及两种形态。

1. 文化设施建设

文化设施建设是指大学生通过博物馆、图书馆、图书角、

[①] 参见李迎生《社会工作概论》，中国人民大学出版社2004年版，第414页。

艺术角等文化设施、文化平台建设对服务对象提供公益服务。如中山大学学生开展的"书香传爱"公益活动、"七彩阳光"图书角活动、蒲公英支教队爱心图书馆项目等。

2. **文化知识普及**

文化知识普及是指大学生志愿者通过专业知识讲解和文化知识传播等方式为有需要的民众提供公益服务，包括专业知识普及、课外学习辅导、百科知识讲解等。如中山大学学生开展的"启航支教""心心之火"支教队赴贵州支教的活动，中山大学雁行社开展的青少年"第二课堂"社区行、五点课堂、流动法律知识展等活动，都属于文化知识普及类公益活动。

(三) 大学生文化教育类公益活动的意义

大学生文化教育类公益活动对于服务对象、大学生自身、高等教育及社会发展都有着积极的意义。

1. **对服务对象的意义**

大学生文化教育类公益活动与其他主题公益活动不同的是，文化教育类公益活动的服务对象多为文化教育水平较为落后地区或社区的人群。大学生志愿者通过开展文化教育类公益活动，可拓宽服务对象的知识面，促进服务对象综合素质的发展，促进服务对象与其他人群的交流，促进服务对象正确认识自己，对文化教育水平较为落后地区或社区的人群有着不容忽视的帮助。例如，"书香传爱"公益活动通过图书角建设为当地孩子创建了阅读的平台，让孩子们从阅读中获得乐趣、开阔视野、提升自我。

2. 对大学生自身的意义

大学生通过参与文化教育类公益活动，既为推动社会的文化教育发展贡献了自己的力量，又展现了较高的文化素养和精神品位，还有利于自我价值的实现。参与文化教育类公益活动，有利于拓宽大学生在文化教育方面的知识积累，加深对社会的认识；有利于增加大学生与他人交流的机会，培养沟通协调能力。在参与文化教育类公益活动的过程中，大学生的自身价值逐渐得到体现，大学生学习知识的兴趣和服务社会的精神得到激发。参与文化教育类公益活动，无疑会增加大学生的交际范围，在这个过程中，他们将接触到与自己具有相同理想和信念的同伴，有利于形成互助互学、共同进步的良性互动关系。

3. 对高等教育的意义

大学生参与文化教育类公益活动，本身就是对高等教育服务社会的很好的宣传推广方式。文化教育类公益活动由于涵盖范围特别广，这就要求大学生在开展此类公益活动时不断加强学习，有利于全面提高大学生的综合素质，促进大学生的健康成长。文化教育类公益活动有利于多学科结合，可以较好地与课堂教学相配合，共同服务于高校人才培养，通过学生"在做中学"的方式，把课堂的专业学习与服务社会有机结合起来，为实现高等教育人才培养目标提供了一条很好的路径。

4. 对社会发展的意义

通过大学生实地考察及后期的宣传，可以让更多的人了解到我国文化教育的状况，让更多的热心人士关注落后地区及落后社区的文化教育，对提高社会整体文化教育水平、建设人力资源强国，具有积极的作用。

第二节 文化教育类公益活动的实施

文化教育类公益活动作为大学生公益活动的样式之一，与其他类别公益活动的开展是相通的，都是为了达到既定的公益目标。大学生开展文化教育类公益活动，可以从确定服务主题、进行项目策划、组建项目团队、筹集项目资源、开展服务行动、进行效果评估等六个方面着手。

一、确定服务主题

任何实践活动都是针对某一特定的社会问题，都有一个明确的方向、内容和目的，这些都应通过服务主题体现出来。大学生开展文化教育类公益活动，首先要注意结合自己的能力，选定适合自身实际的服务主题，既不要好高骛远，更不应该搞形式主义，而是把自身能力与服务对象的需求进行统筹考虑。

二、进行项目策划

大学生文化教育类公益活动的项目策划是指大学生在分析自身能力及优势和社会公众对文化教育实际需求的基础上，通过有创意的方式设计出相应公益活动方案的过程。结合大学生公益活动的特点，可以采用"策划八步法"进行项目策划，即调查分析社会背景、确定项目目标、设计项目主题、分析目标人群、选择活动形式、编写策划方案、编制活动预算、审定方案并认真执行。①

三、组建项目团队

大学生文化教育类公益活动的项目团队组建主要是指组建志愿者团队，包括志愿者招募、志愿者培训、志愿者的分组和分工。其中，志愿者招募是大学生文化教育类公益活动团队组建最为关键的一步，招募时，需要重点考虑志愿者能力、技术方面的互补性，强调团队之间的协作能力，保证公益活动得以高质量执行；志愿者培训是使成员快速融入项目团队，明确并认同项目目标的最快方式；对志愿者进行分组和分工，确保每位志愿者明晰团队目标与个人职责，避免出现无人承担工作任

---

① 参见熊超群、潘其俊《公关策划事务》，广东经济出版社2003年版，第37～41页。

务或工作任务重叠和交叉等问题,是公益活动项目方案得以顺利实施的重要环节。

四、筹集项目资源

大学生文化教育类公益活动所需资源包括满足服务对象需求所必需的财力、物力、场地等条件,也包括项目团队运作所需的各方面条件。项目资源的合理利用是项目有效实施的保证,因此,项目资源筹集后的合理利用显得尤为重要。因开展的公益活动主题与文化教育相关,所以在筹集项目资源时要注意寻求与文化教育相关的企事业单位的支持,也要学会取得在文化教育行业有影响力的专家学者的帮助。

五、开展服务行动

在完成确定服务主题、进行项目策划、组建项目团队、筹集项目资源等前期准备工作后,大学生志愿者就进入了文化教育类公益活动的实施阶段,即开始向有需要的人群或社区提供文化教育类的服务行动。服务行动的开展需要团队成员通力协作,以既定的目标为导向,梳理、优化项目框架中的服务流程,为服务对象或其所在社区提供力所能及的服务。在开展服务行动时,通常会遇到一些与之前设计的服务内容不一致甚或冲突的情形,这就要求大学生志愿者不仅在服务开展前要全面考虑整个服务进程中可能遇到的问题并制订相应的解决方案,而且要有较强的应对复杂局面的能力。

六、进行效果评估

文化教育类公益活动的效果评估是一个难题。因为无论是文化活动还是教育活动，其效果的彰显都不是一时半刻的事情。但是，在公益活动完成后，大学生自身、活动的捐赠者、服务对象以及其他社会人士都可能提出一系列问题，例如，这些文化教育类公益活动起作用了吗？所起的作用究竟有多大？公益活动所针对的问题或情况有所改善吗？公益活动激发了人们对公益文化事业的关注吗？因此，大学生志愿者有必要通过一些可度量的指标对公益活动进行效果评估，这对公益活动效果的改进、公益活动的推广都是大有裨益的，同时也是回应各方面对公益活动成效所提出问题的需要。通过效果评估，还可以回顾公益活动进程中好的做法及其可能存在的问题，给未来开展类似的公益活动提供一定的参考。

第三节　文化教育类公益活动的案例

一、书香传爱[①]

（一）项目简述

1. 项目历史

中山大学爱心助学协会（以下简称"爱助"）成立于2002年，一直秉承"让贫瘠的土地再少一张愁苦的脸儿"的理念，致力于家庭经济困难学生的爱心助学工作。爱助团队通过历届助学考察活动，发现贫困地区的中小学大多难以满足学生的阅读需求，大部分学生家庭也没有经济能力为他们购买课外读物。

2010年5月，爱助团队成员在当地志愿者的陪同下考察了广西壮族自治区百色市凌云县逻楼镇的6所山区小学，为在山区小学建立班级图书角项目的开展奠定了基础。同年6月，爱助团队在中山大学广州校区南校园组织毕业生募捐旧书，并于9月中旬将旧书义卖，为项目的开展筹集了资金。2010年

[①] "书香传爱"公益活动之暑假班级图书角建设案例引自中山大学"亚德客"社会公益实践项目报告，项目负责人是王晓旭，团队成员有闫晨语、吴佳蔚、贾璐、王丹阳、吴泽鑫、王晓冉、韩然、曹盛钢、吴柏林等。

11月，爱助团队针对贫困地区中小学生阅读难问题开展了"书香传爱"公益活动，通过在贫困山区学校建立班级图书角来解决这一问题。

2. 项目地点

广西凌云逻楼镇位于广西西北部，是国家级贫困镇。当地的教育资源匮乏，学校硬件设施陈旧，书籍配置较差。当地村小的书籍是2007年普及九年义务教育时由教育局统一配发的，大部分书籍较为陈旧，内容老套，难以引起中小学生的阅读兴趣。

另外，当地的经济条件较为落后，大部分学生因家庭经济状况较差，没有富余的钱购买课外书籍；大部分学生家长的受教育程度比较低，培养孩子读书兴趣的意识较差；当地的教育条件有限，缺乏购买图书的渠道。

（二）项目目标

通过城市图书募捐，解决高校毕业生书籍废弃和城市学生书籍闲置等问题，实现资源循环利用和城乡资源共享；通过走访逻楼镇各所小学，了解当地学校的图书资源和学生的读书需求，为接下来给学生配置图书、满足学生的阅读需求、改善学生的学习环境作准备。

通过建立班级图书角，解决贫困山区中小学生课外阅读资源匮乏、阅读量小、知识面窄等问题，改善学生的受教育情况,拓宽学生的知识面;通过"悦读"活动,激发学生的阅读兴趣,引导学生获取更全面、更丰富的知识;通过学校实地考察,让更多人了解贫困山区的教育状况。

(三) 活动形式

"书香传爱"公益活动以周期为阶段运营,每个周期持续一年时间。活动流程为:踩点考察确定建立班级图书角的学校,图书募捐,旧书义卖为暑假班级图书角建设活动筹集资金,开展暑假班级图书角建设活动。

"书香传爱"公益团队于2012年6月在中山大学进行社区图书募捐、在中山大学毕业生中进行书籍募捐,并将募得的旧书通过慈善书店进行义卖,共筹得善款6300多元。

2012年7—9月,"书香传爱"公益团队综合考虑山区学校及班级图书角建设成效,确定在广西百色凌云县逻楼镇的3所小学建立班级图书角,并对当地已建立班级图书角的小学进行回访,跟踪班级图书角的图书使用情况。此次活动共建立班级图书角16个,捐书657本,花费6349元。

(四) 项目进程

1. **前期准备阶段**

(1) 志愿者招募与培训。6月初进行志愿者招募,7月进行志愿者培训。共进行了三次志愿者培训,主要针对志愿者的访谈技巧、志愿者与孩子交流的技巧以及急救等内容展开培训。

（2）确定项目方案。①图书角建设。按不同年级配置班级图书角书籍，联系当地志愿者杨老师定做书箱，制定与校方的合作协议。②"悦读"活动。队员分组（每组3～4人）；各小组完成"悦读"活动策划，在了解学生阅读情况的基础上，激发学生的阅读兴趣。③回访考察。对以往已经实施的项目进行回访考察；整理学校信息登记表以及完成调查问卷设计；确定考察路线（与校方联系，取得配合支持，包含行程、活动、后勤等）；明确学校考察形式（在回访老师的同时与学生做互动交流），做好访谈提纲及与学生互动的活动策划。回访的目的是了解学生得到捐赠图书后的使用状况及图书对学生的影响。④相关事项。确定考察日程及每日基本活动流程；安排录影、摄像、录音设备；确定以上事项后，联系考察地政府（教育局）和学校，告知活动概况、日程安排，并请其协助完成学校、车辆、食宿及带队教师的联系工作。

（3）检查准备情况。①确定所乘车次，向指导教师上报车次时间和票数，做好提前购票工作；同时确定并登记队员活动结束后的去向，以便预定回程车票。②预先了解当地教育局及小学生联系工作的进展，保证没有疏漏；同时掌握当地天气、治安、车况、食宿安排情况；确定到达时间及与对方接洽的安排。③征集队员意见，确定活动过程中所需物品清单。

④联系各队员,确保其参加活动启动仪式以及做好出行各项准备。

2. 活动执行阶段

"书香传爱"公益活动的各项安排如表11-1所示。

表11-1 "书香传爱"公益活动安排

日期	时间	活 动 安 排
9月1日,周六	上午	出发前会议;"悦读"活动教案模拟
	下午	自行休息
	晚上	乘坐广州—百色火车,次日06:00到达(约16个小时)
9月2日,周日	上午	乘车百色—凌云—逻楼,入住宾馆
	下午	队员休息、调整,准备明天的活动
9月3日,周一	上午	拜访逻楼镇中心小学领导,介绍活动;联系校方老师(烂村中心小学、降村中心小学、新洛村中心小学)
	下午	分小组到逻楼镇供电所杨老师住处分书、整理书箱(杨老师先期购买了17个木箱)
	晚上	返回住所,开总结会议;请中心学校老师帮助联系第二天的包车
9月4日,周二	白天	全员到烂村中心小学,开展"悦读"活动
	晚上	返回住所,开总结会议;请中心学校老师帮助联系第二天的包车

（续上表）

日期	时间	活动安排
9月5日，周三	白天	全员到降村中心小学，开展"悦读"活动（上午三个年级、下午三个年级）
	晚上	返回住所，开总结会议；请中心学校老师帮助联系第二天的包车
9月6日，周四	白天	全员到新洛村中心小学，开展"悦读"活动（上午三个年级、下午三个年级）；三个小组分别电话联系汤洞小学、东和小学、大洞小学，告知明日回访事项
	晚上	返回住所，开总结会议，模拟回访；请中心学校老师帮助联系第二天的包车
9月7日，周五	上午	三个小组分头回访三所学校，开展回访活动
	下午	返回凌云—百色
	晚上	开总结会议；返程，乘坐01：57的百色—广州东火车，19：16到达

（五）项目成果

1. 学校回访方面

本次学校回访共走访了3所学校，针对学校的基本概况、教学条件、捐赠图书使用情况等进行了实地考察，同时与各年级同学进行了互动与交流，从中了解了学生对图书的使用情况。

2. **班级图书角建设方面**

本次"书香传爱"班级图书角建设活动共在3所学校建立了班级图书角。共建立班级图书角16个,捐赠图书657本。

3. **"悦读"活动方面**

本次活动共在3所学校开展了16场"悦读"活动,取得了良好的效果。在活动过程中,大部分学生能够跟随志愿者的引导,一步一步深入发掘阅读图书的兴趣,很好地达到了激发学生阅读兴趣的目的。活动过程中,队员们为每一个班级图书角选择了小小图书管理员,让学生做小主人,管理自己班级的图书角,更大程度上增进了学生对班级图书角的责任感和使命感。

(六)项目反思

首先,在图书配置的过程中要尽量使书籍与学生的阅读能力相适应。本次活动中配置的书籍阅读难度有些偏高,尤其是对三、四年级的小学生而言。如何更好地配置书籍,就要求项目团队要更深入地了解活动当地学生的阅读情况,以作出更合理的图书配置方案。

其次,在活动过程中要作更充足的准备。"悦读"活动过程中,有时会出现孩子们过分活跃、场面难以控制的情况,也会出现孩子们过于腼腆而冷场的情况,需要对"悦读"活动作更充足的准备并不断做好活动总结,就活动出现的问题进行及时的思考并制定相应的解决办法,以期取得更好的效果。

二、启航支教[①]

(一)项目背景

启航支教是中山大学珠海校区青年志愿者协会于2010年初开始筹办的支教活动,旨在利用寒暑假组织大学生到贫困地区进行支教、调研等活动。2010—2013年,已成功组织累计超过100人前往各地支教,支教地点有广东茂名、广东揭阳、贵州从江县加榜乡等地。志愿者来自中山大学各个院系,通过报名、多轮面试、培训、物资与教学准备等多个环节后,筛选出优秀志愿者奔赴支教点。"启航支教"活动在校内外均有较大影响力,为各支教点学生带去了丰富有趣的知识,也为中大学子提供了一个回报社会的平台。

[①] "启航支教"引自中山大学"亚德客"社会公益实践项目报告。项目负责人为彭伊侬,团队成员有陈思晨、王齐一、何嘉华、郑晓文、廖启明、梁嘉欣、李彦楠、林仕锋、李小金、李艾莎、段伟、张麟、郑慧梓、杨梅、林哲珣、韩朋飞、何菲、詹绍君、肖立谋、胡绵友等。

第十一章 文化教育类公益活动

（二）项目地点

1. 西锋慈云小学

西锋慈云小学位于广东省揭阳市惠来县庵神（仙庵至神泉）路靖海路段旁。学校占地6000平方米，有一栋五层的教学楼和一栋两层的综合楼；无教师宿舍，无食堂，有一个简易篮球场兼操场。学校有跳绳、接力棒、毽子等简单的体育器材。有一间简单的多媒体室，但平常都没怎么使用，也没有其他特殊设备。学生学习用的桌椅都比较旧，但学生的学习热情很高。

2. 加榜乡党扭小学

加榜乡党扭小学坐落在贵州省黔东南苗族侗族自治州从江县的大山中，海拔约800米，交通不便，从学校到最近的集市要走1个多小时的崎岖山路。学校占地1400平方米，教室面积210平方米，仅有一栋两层的水泥楼房；宿舍面积150平方米，是一栋两层木屋，一楼是一间厨房和小卖部，二楼为教师宿舍。学校无运动场所，原本的篮球场如今只剩下两个锈迹斑斑的篮筐，没有其他运动器材。教学楼有一间办公室，一间打印室，一间图书室，六间教室。图书室藏书600册，人均不到1本书。打印室有全校唯一的电脑，可以上网，只用作教学、对外交流使用，学生基本无法接触到电脑。教室中只有10多套破旧的桌椅，连讲台也没有，粉笔都放在教师办公室，上课时由老师带到教室使用。

3. 尧贵小学

尧贵小学位于贵州省黔东南苗族侗族自治州从江县加榜乡，位于深山之中，从加榜乡前往该校需要乘车1个多小时，一路都是崎岖的山路。尧贵小学是于2009年重建的，重建之前的学校只是一座木房子，现在有一栋三层的水泥楼，有七间教室、一间教师办公室、一间物理器材室。尧贵小学从学前班到六年级共七个年级，学生150人，男女学生比例为5∶2。

（三）服务对象

靖海镇是惠来县的主要渔产区之一，西锋慈云小学所在的西锋村村民以渔业和务农为主。大部分家长已经意识到孩子学习的重要性，在项目组支教期间，也希望项目组成员能针对孩子们的具体情况多教点知识。不过，学校有部分家庭经济比较困难的学生，他们的成绩处于较低水平，所以家长对于"知识改变命运"的观点有些存疑。

（四）项目情况

在支教活动中，项目组成员开展了多项基于当地学生情况的活动，开设了语文、数学、英语、科学、艺术、班会六门课程。在西锋慈云小学，在跟校长沟通后，考虑到低年级学生的安全问题，支教期间只开设四、五、六三个年级共四个班的课程，其中六年级有两个班。不过在后来的支教过程中，有二、三年级的学生加入四年级的班级里，参与学习与活动，也有其他学校的同学前来听课。在尧贵小学和党扭小学，则分为低年级、中年级和高年级共三个班。

1. **班级建设**

在这次支教过程中，每个班级都分配了一名志愿者担任班主任，管理平常的班务。志愿者们深入到孩子们当中，与孩子们成为朋友，了解他们的想法，并且通过游戏等方式，增强班级的凝聚力。志愿者们想了很多办法，努力营造团结向上的班级氛围。例如，党扭小学高年级的志愿者在支教过程中采取"小组竞争、每天评比、每天奖励"的方式提高学生的学习积极性。同时，每个班级都选出班委和课代表，并制定班级公约，使得每天的工作进展都非常顺利。同时，志愿者每天都会在一起讨论班级情况，有必要时，还跟部分学生深入交流，了解学生的具体情况，提供尽量多的帮助。在课后，志愿者们尽量与学生接触，跟学生下棋、设计作品、排练节目、辅导课程等，与学生形成良好的关系，在带给孩子知识的同时还给予他们更多的快乐。

2. **课程教学**

课程设置分为上午与下午两个时段：8∶00—8∶30 是早读课，8∶40—10∶10 为正式上课时间，每节课 40 分钟，共两节；14∶55—16∶30 为正式上课时间，每节课 40 分钟，共两节。每两节课之间有10分钟的课间休息时间，中午学生回家休息。在语文、数学与英语的备课上，志愿者们按照学校要求并比对学生的实际情况，对之前准备的教学内容进行修改，通过课堂教学帮助学生巩固已学知识，同时也讲授一些新知识。课堂形式方面，语文、数学、英语三大基本科目尽量采取多种形式，如朗诵比赛、问答游戏等，使课堂教学更加丰富生动。科学课的备课上，志愿者们将理论与实验相结合，培养学生的科学素养。当然，科学课主要还是通过一些有趣的实验吸引学生的兴趣，激发学生的学习热情。艺术课则采取多种多样的形式培养学生的艺术素养，包括唱歌、舞蹈、剪纸、绘画等，让学生对艺术领域有一个比较粗略的了解，体会到艺术之美。

3. 主题班会

针对支教过程中每个班级出现的新问题，志愿者们适时开展主题班会，解决问题，传播正能量，延伸课外知识。班会的形式多种多样。例如，为了培养学生的团队意识，对六年级进行了军体拳的教授，让学生在运动场上模仿志愿者的动作进行学习，督促学生培养集体意识，通过做好自己的动作来达到整个班级动作整齐的效果。针对四年级男女学生之间存在的对立状况，志愿者进行了关于男女生关系问题的讲解，通过举出自己的例子，引导学生正确看待男女生之间的关系。五年级的班主任让学生给十年后的自己写信，引导学生规划未来，进行理想教育。

4. 早读

五、六年级开设了早读课,基本上是语文与英语间隔朗读。语文早读时,志愿者提供一些具有代表性的、脍炙人口的诗歌、古文,让学生朗读背诵;对于可以配上旋律进行歌唱的篇章,则在朗诵的基础上进行演唱,取得了很好的效果。英语早读则进行单词、会话、诗歌的朗诵,也进行一些简单而朗朗上口的英语儿歌教学,通过学习英语诗歌和英文歌曲进行英语教学。

5. 家访

在党扭小学支教期间,志愿者们利用课余时间走访了一部分学生的家庭,了解当地民众的生活状态、教育条件和教育观念。志愿者在家访中发现,大部分家庭生活条件比较艰苦,多数家庭居住在木楼里,家庭设施比较简陋和陈旧,教育支出仍然是普通家庭中的重头。在与学生的父母沟通后发现,多数父母意识到教育对孩子和家庭的重要作用,但大部分家庭由于经济困难而对孩子的教育投入有所顾虑。

6. 联欢会

公益项目实施地所在的小学都没有举办过联欢会,即使在儿童节、元旦节等节日,也只是给学生放假而已。因此,在支教期间,志愿者带领孩子们一起排练了一场联欢会,让所有的孩子都有上台表演的机会。一是为了增强孩子们的自信,让他们在观众面前敢于表现自己，并且发掘自身才艺方面的特长。二是希望在支教快结束时，与孩子们一起开展联欢活动，留下美好的记忆。联欢会上的节目很多，班级合唱、舞蹈、军体拳、舞台剧等充分体现了孩子们的才艺，游戏环节更是将联欢会的气氛充分调动了起来。

（五）项目经验

1. 语文

（1）以分组比赛的方式，调动学生的学习积极性；用问答的方式进行课堂讲授，以激发学生的兴趣。实践表明，学生普遍比较愿意参与这种不同于传统授课方式的教学活动。

（2）在选择教学材料的过程中，特地选择了与中秋、七夕等与支教期间的节庆相关的主题材料，提高学生对中华传统文化的兴趣。选择材料时，注重选择一些平时课本上没有的知识，从而开阔学生的视野。

（3）志愿者在课堂授课过程中，融入自己的生活经历和生活体验，在进行课程教育的同时，也给学生间接进行为人处事方面的教育。

（4）通过启发式的教学方法，让学生们对一些故事发表意见和看法，可以促进他们思考，拓宽他们的思路。

（5）强调阅读的重要性，通过奖励或表扬的方式鼓励学生多进行课外阅读，帮助学生解决在阅读中遇到的问题。

2. 数学

(1) 进行有关数学的益智游戏时,要事先与学生沟通,以免学生对过于简单或者他们已经接触太多的游戏产生厌倦情绪。

(2) 课堂教学时,先进行抽象概念的传授,然后结合生活实际进行实用性的讲解,最后做题巩固知识。学生对于做题的热情普遍较高,可以通过鼓励学生到黑板上解题来培养他们的自信心。

(3) 鼓励学生把数学运用到生活中去,例如,在学习了长方体体积的计算公式后,鼓励学生测出家里房间的体积。

(4) 学习过程中,兴趣是第一位的,所以应以鼓励为主。要根据学生的心理特点,帮助其建立对数学的兴趣和信心,侧重于引导学生独立思考,而非手把手地一步一步教授。

(5) 学生的数学水平差别较大,上课进度难以协调。志愿者应在上课前预先测试,了解学生的大致水平,然后因材施教,按平均水平教学,个别课后辅导,最大限度地保证全班的听课效果。

3. 英语

(1) 学生们对英语普遍存在好奇心,也有学生对英语有畏难情绪。当志愿者表现出较高的英语水平时,学生就会产生崇拜的心理,从而充满学习英语的干劲。惠来的小学升初中考试,英语并不计入成绩,英语师资较为紧缺,志愿者需要指导学生如何培养学习英语的兴趣。

（2）学生们普遍喜欢以游戏的形式来学习英语，但游戏必须服务于课堂教学，如果游戏没有与教学内容紧密结合起来，课堂教学的效果将大打折扣。

（3）要有一定的奖励机制，但由于支教地区物质水平的提高，糖果类的奖品已经不能满足学生的需求，小笔记本、贴纸等则更具有激励价值。但在奖励前，志愿者必须和学生达成一个契约，让他们明白奖品是需要通过努力才能获得的。

（4）必须事先对12天的任务有整体的规划，可以分为专题，如weather、numbers、seasons等；也可以分为日常会话，如greetings、appreciation、farewell等。这样有利于形成英语教学的系统性。

（5）在教学内容上，要难易结合。在教学过程中，多给孩子们开口说英语的机会，如跟读、小组对话等，在此过程中也可以顺带纠正他们的读音，一举两得。

（6）可以通过讲故事的形式给学生们讲讲英美文化，如节日、饮食、风土人情等，开阔他们的视野，让他们接触一些平时在课本上学不到的知识。

4. 科学

（1）课堂实验、手工竞赛、有奖竞答和视频展演等灵活、生动的教学方式，很好地弥补了"板书教学"的短板。

（2）给孩子们学习科学知识寻找一个合适的切入口。鉴于科学对于乡村学生来说感觉比较遥远，志愿者需要打消孩子们对科学学习的顾虑，大力培养他们学习科学的兴趣。

（3）在教学目的、教学内容及教学形式上都尽量贴近生活、强调实践，利用生活中常见但容易被忽视的现象，同时穿插蕴含科学道理的小游戏。

（4）教学内容方面不要局限于物理和数学，尽量与生活方面的知识结合起来。尽量争取更多的实验器材，让学生真正动手做每一个实验。同时，设置小小的"考试"，让学生尝试独立设计并完成实验，培养其独立性。

（5）在讲授理论知识时，志愿者可以适当地就所讲知识进行提问，鼓励学生先动脑筋思考，然后再进行知识传授。可以适当布置课外思考题，让学有余力的学生进行思考，然后在课后与志愿者进一步交流。

5. 艺术

（1）在准备艺术课器材时，应该尽量多准备一些，因为学生对于艺术课器材总是有很大的需求。

（2）在进行讲解的时候，必须先确保学生认真仔细听明白课堂要求，然后再分发器材和进行自我创作，否则学生做每一步时都会要求志愿者个别指导。再加上每个学生的进度不一样，志愿者很难一个人满足所有学生的要求。

（3）艺术课与传统的课堂教学不一样，因此学生的热情普遍很高，所以需要比较多的助教来维持课堂秩序。

（4）艺术课中也可以进行一些图片展示，拓宽学生的视野。在此基础上，根据图片的内容让学生进行图画创作，这样可以激发学生的想象力，同时也可以传授一些绘画技巧。

（5）艺术课除了强调动手创作以外，也应该教授一些抽象概念来培养学生的审美观，通过提出一些审美问题，引导学生学习审美方法。

6. 班会

（1）班会要适时针对支教过程中学生出现的问题，设计有针对性的主题来解决问题。

（2）男女生交往中的排斥现象，是每一个年级班会必须面对的问题。在讲解如何处理男女生之间的关系时，志愿者可以结合自身情况进行引导，这样容易引起学生的共鸣。

（3）在班会上总结学生每天的表现，提出学生存在的问题并商讨解决方案，让学生的表现一天比一天好。

（4）设置奖励制度，每天表现最好的小组会得到志愿者精心准备的礼物，激发学生积极参与的热情，引导形成一种既有合作又有竞争的班级氛围。

（六）项目反思

支教过程中，项目团队遇到了一些教学及团队建设上的困难，两地43位队员在思考与讨论中寻求到了解决方法，使得支教活动得以顺利完成。此次支教过程中遇到的具体问题包括教学物资(实验器材)匮乏、中低年级课堂纪律不佳、支教学校活动场地缺乏、与学生互动不够多、课程教学内容需不断调整、班里男女生关系不好、大学生支教经验缺乏等,这在今后的支教项目开展中都是需要注意解决的问题。

三、流动法律知识展[①]

(一)项目背景

法律与人们的生活息息相关,而我国实施"依法治国"的脚步从未停止。2011年是中国实施"十二五"规划的开局之年,也是实施"六五"普法规划的启动年。与此同时,2011年,我国颁布了《中华人民共和国刑法修正案(八)》(以下简称《刑法修正案八》)以及《最高人民法院关于适用〈中华人民共和国婚姻法〉若干问题的解释(三)》(以下简称《婚姻法司法解释三》),其中很多条文是经过修改的,包含不少与老百姓生活息息相关的内容,如关于房产权的问题、醉酒驾驶是否犯罪的问题等。这在茂名市民中引起了很大的反响,有不少人因为不懂法律的变动而吃亏,更有人因为对法律条文的变化不理解而产生排斥情绪,等等。

[①] "流动法律知识展"引自中山大学"亚德客"社会公益实践项目报告。项目负责人为张静霞,团队成员有邱雯思、邹君萍、陈均志、陈培君、刘贤岳等。

（二）项目目标

为了响应"六五"普法规划，在茂名市民特别是中学生中开展普法活动，使群众进一步了解法律、理解法律、遵守法律以及正确使用法律；特别是帮助茂名市民更好地理解和认识《刑法修正案八》及《婚姻法司法解释三》的内容。同时，此次"流动法律知识展"项目也给参与项目的大学生提供了将理论应用于实践的机会，锻炼了参与者的实践能力。

（三）活动形式

本项目将结合《刑法修正案八》中的热点罪名，如危险驾驶罪、组织出卖人体器官罪、拒不支付劳动报酬罪、强迫职工劳动罪和盗窃罪等，以及针对《婚姻法司法解释三》中的热点问题，对结婚登记程序瑕疵的救济手段、亲子关系诉讼拒绝亲子鉴定后果、父母为子女结婚购买不动产的认定、离婚案件中一方婚前贷款买房的处理等，开展案例说法、电影说法、网络说法、热点解疑等活动。

1. 案例说法

案例说法是指查找相关的法律案例并根据相关的法律条文对其进行法律分析。项目组在教育辅导机构上课地点（以补课的中学生为主）和寒假招生宣传学校进行摆摊展示，并根据案例制作宣传单，在活动地点派发。

2. 电影说法

电影说法是指在网上搜索与刑法、婚姻法普及宣传有关的视频,在辅导机构上课地点以及寒假招生宣传学校的摆摊处播放。

3. 网络说法

网络说法是指建立专门的宣传法律的微博和QQ群,除了分享相关法条的解释以及案例分析,还发表项目团队的普法进程以及进行相关答疑。该微博的网址和QQ群号码会附在宣传单上,以便有需要的人士获取。

4. 热点解疑

热点解疑是指针对群众关心的热点问题制作宣传单,在相应的活动地点派发,并在辅导机构上课地点以及寒假招生宣传学校摆摊,邀请律师事务所相关律师到现场进行答疑。

(四)项目进程

1. 前期准备

(1)志愿者招募。由于活动地点在茂名,且团队成员全部来自茂名,因此志愿者招募主要面向茂名籍的在校大学生,招募信息通过网络平台发布。将招募的志愿者根据个人意愿及个人特长分成四个组,分别是案例组、电影组、网络组和外联组。

(2)志愿者培训。根据各组的工作要求,由各组组长组织志愿者培训工作，培训地点由各组组长自行决定。培训过程中，除了要强调安全问题，还要特别注意对以下内容的培训：①案例组——《刑法修正案八》和《婚姻法司法解释三》的热点问题以及文字编排能力；②电影组——挑选法律电影的要求；③网络组——对微博和QQ群的管理以及照片和视频的处理技术。

（3）团队成员分工。做好组内人员分工，搜集并挑选展示的案例和热点问题，撰写案例分析和热点问题分析，并将文字编排好打印出来。

2. 项目实施

（1）在文化广场开展活动。派发前期准备阶段设计好的传单并现场讲解相关法律问题，同时做好拍摄工作。

（2）设置摊点开展活动。通过摆摊的形式向市民展示相关法律案例、播放相关法律电影并讲解相关法律热点问题。摆摊过程中，注重与市民的互动，可以通过有奖竞答的方式让市民尝试分析法律案例，加深其对相关法律知识点的认识。

（3）进入学校开展活动。向中学生展示相关法律案例、播放相关法律电影并讲解相关法律热点问题。可以通过有奖竞答的方式让中学生尝试分析法律案例，加深其对相关法律知识点的认识。

（4）通过互联网开展活动。及时更新微博和QQ群，以通讯稿的形式转发活动动态并将活动期间的材料（包括照片和视频）上传共享。

3. 项目总结

各小组整理活动材料，并撰写活动总结报告，成文后交给组长汇总。

第十二章 环境保护公益活动

大气污染造成雾霾危害、土壤污染导致有毒粮食、水污染导致饮用水荒、生态恶化、荒漠化、生物多样性减少……这些问题让我们认识到：不重视环境保护，人类自身的生存就直接受到威胁，就要为此付出沉重的代价。环境保护，人人有责。除了发挥政府的作用外，公众也要积极参与其中。大学生作为具有一定专业技能的群体，可以发挥自身优势，为环境保护作出自己的独特贡献。

第一节 环境保护公益活动的类型

环境保护公益活动具有丰富的内涵，包含多种类型，除具有其他公益活动的类似特征外还具有自身特色。大学生志愿者要在了解环境保护公益活动内涵及其特征的基础上，结合自己的专业来开展环境保护公益项目，如此才能使环境保护公益活动取得良好的效果。

一、大学生环境保护公益活动的内涵

对社会而言,大学生参与环境保护公益活动是公众参与环境保护的一种形式,也是有效推进环境保护宣传和教育的有效措施。对大学生而言,参与环境保护公益活动,有机会亲身体验生态环境现状,从而有利于提高大学生的环境保护意识。更进一步,大学生如果能将所学专业知识应用到环境保护公益活动中,则将有利于实现专业学习与社会服务的良性互动,在实践中实现育人的目的。

大学生公益活动大致包括救济型公益、保障型公益和发展型公益三种类型。其中,环境保护属于保障型公益活动类型。[①] 环境保护与人们的生产生活息息相关,保护环境实际上就是保护人类自身。大学生环境保护公益活动主要是以环境保护为主题,围绕环境保护理念宣传、普及环境保护知识、开展环境状况调研、参与环境保护科研活动等开展的大学生公益学习与实践活动。

二、大学生环境保护公益活动的类型

大学生环境保护公益活动内容丰富、形式多样,有大学生

[①] 参见钟一彪《大学生社会公益实践导论》,中山大学出版社 2012 年版,第 9~10 页。

自主组队策划和组织的，有依托高校环境保护社团开展的，也有参与民间环境保护团体义工活动的。这些公益活动可概括为环境保护调研、环境保护宣传教育、环境保护行动、环境保护科研和环境保护创意等五类常见类型。

（一）环境保护调研

大学生环境保护调研是指围绕环境保护活动的目标和主题，设计调研问卷，通过调查和统计一定范围的受访人群所反馈的数据和信息，研究环境保护现状和有待改进的方面。环境保护调研的常见形式有实地走访、街头问卷调查、网络问卷调查、现场访谈等。调研可以发现环境中存在的相关问题，从而为环境保护献计献策。同时，开展环境保护调研，使大学生接触不同年龄、不同教育层次的群体，了解基层民众、环境保护专家、环境保护部门、其他群体的环境保护态度和行为，将进一步增强大学生群体的环境保护意识。

（二）环境保护宣传教育

推动环境保护工作的重要形式之一就是宣传教育。大学生开展环境保护宣传教育时，对象可以是社会上各个阶层和各种年龄段的人士，内容有国家出台的各项环境保护政策法规、环境科学知识、环境污染防治知识、环境保护行为规范、健康与环境等，目的是要宣传普及环境保护理念和常识，转变公众对环境保护的态度，促成各方面人士在环境保护方面的积极参与。由于考虑到专业技术、活动成本、操作难易程度、时间地点选取等客观因素，宣传教育成为目前很多大学生环境保护公益活动的首选方式。常见的宣传教育形式有环境保护公益广告、环境保护微公益、中小学环境保护义教、街头或广场的大型环境保护专题宣传活动、环境保护常识咨询、环境保护讲座、环境保护宣传海报和挂图等。

（三）环境保护行动

大学生身体力行，志愿参与环境保护公益活动，在服务公众、奉献爱心的同时，自己也在公益实践中得到各方面的锻炼；大学生开展环境保护公益活动，树立了大学生良好的公众形象，也发挥了很好的文明示范作用，影响和带动社会公众陆续参与到环境保护中。环境保护公益活动的重点是大学生通过自己的实际行动保护环境，使得环境切实得到改善。当然，大学生也要根据公益活动的具体环境和人群需求，及时调整和完善公益活动内容，使环境保护行动真正产生效果。

（四）环境保护科研

大学生环境保护科研活动，就是指在掌握一定环境保护专业知识的基础上开展学术研究，以寻找解决环境问题的有效办法。大学生既可以在专业教师的指导下参与环境保护课题研究，也可以自主选题开展研究性学习。由于环境保护科研活动对学科专业知识的掌握、实验操作、研究能力等要求较高，环境保护类或专业与之相近的大学生在参与环境保护公益活动时可以多考虑这种类型的公益活动，以发挥自身专业优势。

（五）环境保护创意

大学生除了宣传环境保护知识，进行环境保护调研和环境保护行动外，可以根据国家环境保护事业的发展和自己所学的专业知识，寻找发现环境保护公益发展的新契机，创新环境保护新形式，将环境保护创意应用到公益活动中。大学生开展环境保护创意公益活动时，要紧密联系实际，达到操作方便、成本投入少、适合推广应用的效果。大学生的环境保护创意公益活动，不仅为解决环境问题提供了一些创新思路和实践办法，也为大学生环境保护创业提供了可能性，可以推动环境保护产业发展和生态文明建设。

三、大学生环境保护公益活动的特点

大学生环境保护公益活动除了具备与其他类型的大学生公益活动相类似的特征外，还有内容多样、专业性强及效果迟滞等特征。

（一）内容多样

环境保护是指协调人与环境的关系，实质就是保护自然环境、保护生物资源以及保护人类生存环境，以此促成人与自然的和谐相处。因此，大学生环境保护公益活动既可能是针对社会人士开展宣传教育，也可以是直接采取行动保护自然环境，还可以是保护濒临灭绝的动植物，等等，具有活动内容的多样性以及活动范围的广泛性等特点。

（二）专业性强

环境保护公益活动的目的是提高人们的环境保护意识、践行环境保护行为、消减环境污染和减少环境破坏现象等。开展环境保护公益活动，需要具有环境保护方面的专业知识，如果能够与环境保护的专业技术相配合，环境保护公益活动将取得更好的效果。大学生开展环境保护公益活动时，必须做好充分的知识储备，学习和掌握一定的环境保护专业知识，接受一定的专业实操技能培训，这样才能达成环境保护公益活动的针对性和实效性。

（三）效果迟滞

人们思想观念的变化、行为方式的改变、环境条件的改善都需要一定的时间，所以不可能通过一两次公益活动就完全达到环境保护的目标。环境保护公益活动的效果彰显具有滞后性，是一项"功在当代，利在千秋"的系统工程。这就意味着环境保护公益活动需要拿出"打持久战"的精神，立足平时，立足日常生活，立足未来，从小事做起，从娃娃抓起，长期坚持，引导人们正确认识人与环境的关系，增强环境保护意识，真正把环境保护理念落实到日常工作、学习和生活中去。

第二节 环境保护公益活动的组织

开展环境保护公益活动前要先明确活动的主题、开展需求分析，以此为依据制订活动方案，进而进行团队建设、募集所需资源、开展项目活动。大学生组织开展环境保护公益活动，要结合自身能力和实际情况，从大处着眼、小处入手，注重项目的专业性、科学性。

一、确定活动主题

确定活动主题是组织开展环境保护公益活动的第一步。大学生组织开展的环境保护公益活动，常见的活动主题包括节能环保、生态环境保护、生态社区建设、环境与健康等。其中，节能环保是倡导绿色生活、绿色消费，推行节能减排、低碳环保，改变产业结构，改变过去的高耗能、高污染局面，促进经济循环可持续。对于大学生而言，可以通过教育宣讲、典型示范、项目合作等方式推进节能环保类公益活动的开展。生态环境保护既包括对水、大气、土壤、海洋等环境资源的保护和污染防治，也包括对动物、植物、矿藏等自然资源和城市、乡村等人类生活环境的保护。每年的"水资源日""世界环境日""世界地球日"等，就是对生态环境保护主题的具体化，也是警示社会公众生态环境保护紧迫性的好时机。生态社区建设倡导人与自然的和谐共处，促成人们形成符合生态环境保护的生活习惯、生产方式和消费观念。大学生环境保护公益活动可围绕社区建设策划，如建设新农村生态社区、建设城市绿色社区、创建绿色校园等，从实践和理论两个层面服务生态社区建设。环境与健康则是立足于人们的身心健康，开展环境保护公益的相关活动。人类生存离不开自然环境和社会环境，环境对人类健康的影响是巨大的。一旦人与环境的和谐共处被破坏，人们的健康状况也就会受到影响；当环境污染超过人体所能承受的限度，人类机体可能发生病变，就可能危害人类生存。例如，大气污染形成的雾霾天气会导致呼吸道、心血管等疾病；而在受到重金属污染的土地上种出的有毒粮食，则将严重危害人体健康；等等。在环境与健康方面，有许许多多可以做的公益服务项目，也比较容易得到普通民众的认同，有利于各方面力量的参与。当然，环境与健康方面的主题也牵扯到各方利益，是很容易激发矛盾的，大学生在组织开展这方面的主题活动时要注意做好各方面的沟通工作，以免引起不必要的麻烦。

二、开展需求分析

确定活动主题后,要对公益项目所处的客观环境进行分析,这是科学策划的关键。密切关注国家最新出台的环境保护政策和法规,分析环境保护的发展趋势,了解社会大环境对环境保护公益活动的要求。此外,还要注意调查和了解自然环境以及人类生活环境的现状,为有针对性地开展环境保护公益活动提供数据支撑。环境保护公益活动要考虑到相关方的实际情况,公众的安全和健康是开展需求分析的重点。

三、制订活动方案

要根据环境保护公益活动的目标制订活动方案。制订活动方案时,还要对所需的资金和其他物质资源进行预估,以便开展资源的募集工作。此外,公益活动的开展时间和地点也要明确下来,要做好具体日程安排,确定活动流程及活动期间每天的工作内容、相应的工作人员等。活动方案还应考虑公益活动中的风险因素,只有防范和规避风险,公益活动才能得以顺利开展。大学生开展环境保护公益活动过程中,遇到的风险可能来自活动合作方,如临时拒绝合作或中途增加新的要求等;可能来自公益活动本身,如去野外调研、暗访环境污染等可能引发的问题;可能来自自然环境,如天气突变、自然灾害突发等;也可能来自服务对象或其他方面。在制订活动方案时,要注意做好应急预案，做到未雨绸缪。

四、建设项目团队

公益活动的策划与执行需要一个强有力的团队。项目团队建设需要明确目标、明晰团队成员的职责、制定团队的运行规则等。在项目团队组建后，还要通过加强学习、强化沟通等方式，使团队成员相互认识，深化对任务目标的理解，以便为下一步开展工作奠定良好的基础。

五、募集所需资源

大学生环境保护公益活动的顺利实施需要资源方面的保障，这些资源主要包括资金支持、人力资源、活动场地、宣传渠道等。资金支持主要源于高校经费支持和外来赞助。高校通过支持公益实践项目的方式支持各类环境保护公益活动，外来赞助主要源于环境保护非政府组织（NGO）、企业或其他单位的资金捐助。人力资源既包括环境保护专家、大学生志愿者，也包括社会上热心环境保护公益的其他人士。活动场所是志愿活动开展的物理空间，是保障环境保护公益活动有序开展的条件，既可以通过租借的方式得以解决，也可以通过他人或相关组织的支持而获得使用的机会。宣传渠道主要指网络宣传、新媒体宣传和传统媒体宣传。

六、开展项目活动

在做好以上各方面的准备工作后，就进入环境保护公益活动的实施阶段了。在实施阶段，最重要的是有条不紊地推进工作进程，在公益活动过程中注意监控活动的实际情况，监测活动的实际成效，并根据实际情况对活动方案进行调整，以便公益活动顺利实施。开展公益活动时，要牢记环境保护公益活动的目标，围绕着目标的实现，通过灵活多样的方式来推进工作进程。在开展公益活动过程中，要特别注意信息沟通和团队合作，这是公益活动得以有效实施的基本条件。

第三节 环境保护公益活动的评估

环境保护公益活动的评估，包括需求评估、过程评估和结果评估。需求评估应该在活动方案设计前进行，过程评估是对活动实施阶段的评估，结果评估是环境保护公益活动结束后对活动效果及影响开展的评估。过程评估是为了改进活动方案，以便顺利推进公益活动进程；结果评估是为了总结公益活动的成败得失，以便为未来开展环境保护公益活动提供参考。鉴于需求评估的前置性，这里重点介绍过程评估和结果评估。

第十二章 环境保护公益活动

一、过程评估

大学生环境保护公益活动的过程评估就是大学生公益团队为完成既定的环境保护活动目标、达到预期效果，而对环境保护公益活动中投入的人力、物力、财力等资源及活动的阶段性成效等开展的评估活动。

首先，要对公益团队的运作进行过程评估。团队需要由一群关心环境保护、愿意为环境保护志愿服务、主动学习和掌握有关环境保护知识、了解环境保护政策和法规的成员构成。团队成员可以是环境保护专业或相近学科的大学生、其他专业的大学生，也可以是高校环境保护类学生社团，这样可以使得团队具备多学科专业知识结构，有利于相互配合。团队组建后，应开展有针对性的培训，包括沟通、礼仪、应急以及环境保护知识等各类专题培训。根据成员的专业和特长，团队要合理分工，保证活动效率和资源配置最优化。团队策划和实施公益活动时，不盲目追求轰动效应；团队成员在实施公益活动时应具有专业精神，要遵循道德准则和公益行为规范。

其次，对公益活动的开展进行过程评估。大学生环境保护公益活动的设计要有针对性，要结合客观环境和服务对象的需求开展活动。根据活动进程中的实际情况及各方反应，及时调整活动内容，完善活动方案。投入到活动中的资源应用也要进行评估，要从投入—产出的角度评估资源应用的成效。公益活动开展过程中，要注意监控活动是否按计划进行、潜在风险是否得到有效控制、活动各方的协调是否通畅等。

二、结果评估

大学生环境保护公益活动结果评估，就是评估活动所取得的效果，以及是否达到了预定的目标。结果评估可以基于团队角度，也可以基于服务对象以及公益活动角度。

（一）基于团队角度的结果评估

1. 专业评价

大学生环境保护公益活动的团队最好具备一定的环境保护专业知识，要围绕环境保护政策和社会可持续发展的要求来开展活动，因而要对环境保护公益活动实施者的专业性进行评价。努力使环境保护公益活动的实施符合一定的专业水准，使公益活动能够体现志愿者的专业精神。

2. 价值评价

通过开展环境保护公益活动，是否实现了团队成员的自我价值？是否促进了个人成长？是否体现了团队合作？这些在结果评估中也是应该予以考虑的。

（二）基于服务对象的结果评估

基于服务对象的结果评估主要包括以下内容：公益活动内

容是否对服务对象有帮助?公益活动对服务对象是否有吸引力?通过参与公益活动,服务对象的环境保护知识和环境保护意识是否得到提高?大学生志愿者提供的服务是否令服务对象满意?大学生志愿者的服务效率、服务态度和质量如何?

(三)基于公益活动角度的结果评估

公益活动实施的成本(人力、物力、资金、时间等)与实际获得的收益(社会效益、环境效益)是否呈正相关?资源是否被充分利用?收益是否最大化?公益活动实施的效果是否达到预期目标?是否值得推广并持续开展?

第四节 环境保护公益活动的案例

一、环保袋推广[①]

(一)项目目标

"限塑令"是推进我国环境保护事业发展的一项历史创举。在群众中推广使用环保袋,实行塑料袋有偿使用制度,鼓

---

① "环保袋推广"活动引自中山大学"亚德客"社会公益实践项目报告,项目负责人为赵伟捷,团队成员为雷海辉、梁巧、陈勇坚、朱晓博、黄文强、邱鹏冰、陈海燕、陈文、蓝婷等。

励人们改变长期以来的消费习惯,这固然需要执法部门的监管,更需要商家的自觉和民众环境保护意识的提高。为了使"限塑令"在信宜市得以顺利实施,团队决定以派送环保袋的形式,辅以政府部门和商家的协助,向人们宣传"限塑令"和其他环境保护知识,提高人们对环保袋的接受程度,增强环境保护意识,从而推进家乡环境保护事业的发展。

(二) 前期筹备

1. 团队组建

团队成员来自中山大学跨学科、跨校区的10名本科生。团队由理事会、联络组、志愿者组、财务组四个小组构成。理事会负责公益活动运作全局安排,协调各方,促进团队发展;联络组负责联络相关部门和超市,取得物资和场地等支持,以及团队活动的宣传采风;志愿者组负责联系参与活动的志愿者,并协助理事会培训志愿者和协调志愿者的工作安排;财务组负责团队活动的财务管理。

此外,团队邀请信宜市有关部门领导担任活动顾问。邀请信宜团市委书记对活动策划提出宝贵意见,协调沟通其他政府职能部门;邀请信宜市环保局局长就活动可行性提出意见;通过各种宣传手段营造全市推广环保袋的氛围,协助团队顺利开展活动;邀请信宜市工商局市场监管股股长协助团队在推广期间监督超市执行"限塑令"的情况。

2. 联络工作

（1）遭遇碰壁。刚开始，信宜市兆康超市、玉都广场超市、裕兴超市、信邦超市以及市内几家生产规模较大的企业均拒绝了团队的合作意愿。

团队召开紧急会议，在环保袋推广项目毫无进展的情况下，具体讨论被拒原因，调整活动方案。团队首先修改合作对象，调整为面向全市所有大型超市，而不是某一家超市；其次，将主题修改为"全市环保袋推广日"活动，时间定在年后；再次，增加支持单位，活动必须取得信宜市工商局和环保局等政府部门的大力支持和指导，通过政府部门的监管才能确保全市超市通力合作，而非单一的派发环保袋；最后，将纯公益性的推广活动改变为商业和公益并存的宣传活动，团队充分利用各大超市积压的环保袋，由志愿者在超市门口摊位进行小范围派发、进行环境保护宣传，也可以通过超市的定额购物赠送环保袋活动进行大规模推广。这样，超市充分利用现有资源而不至于亏本经营，团队也能达到预期目标，双方受益。

（2）联系工商局。信宜市工商局市场监管股股长对团队的"全市环保袋推广日"活动表示大力支持。据股长反映，当地政府部门在对有偿提供塑料袋这个问题的监管上，其实很大程度上依赖于基层市民的配合，但是由于市民的环境保护意识不强，而且超市时不时规避工商局检查，致使"限塑令"政策得不到贯彻落实。他承诺，在活动期间，工商局会严格监管各超市"限塑令"的执行情况以配合团队的公益活动，同时希望团队能在走访市场后，将实际情况反馈给他们，以便日后更好地监管。在得到信宜市四大超市的基本支持下，团队再次前往工商局，该股长承诺在"全市环保袋推广日"前后，工商局向全市超市发出关于打击免费派发塑料袋的整改通知，并在市内各大超市严打违反"限塑令"的行为，同时指导各超市进行整改。

（3）联系环保局。团队成员前往信宜市环保局，向局长简介了活动方案，环保局对活动实施提出了宝贵建议，并开具了环保局的介绍信。他们表示将协助团队做好活动前的宣传工作，例如，在市区人流量大的地方悬挂宣传横幅，派出宣传车绕城区行驶并宣读推广环保袋倡议书，等等。另外，环保局还提供了《个人环保须知》《企业环保须知》等内容翔实丰富的宣传小册子，并表示可以出资印刷数千份环保倡议书供团队在活动现场派发给群众。团队成员就活动详细时间、市内宣传、派发的印刷品等问题与环保局宣传股进行交流，确认各项事宜。

（4）联系超市。在取得工商局、环保局、团市委等政府部门的支持后，团队再次联系兆康超市负责人陈经理，向其展示了崭新的"全市环保袋推广日"活动方案。陈经理就环保袋数量、超市布置、志愿者摊位等问题详细询问团队，承诺会支持该公益活动的实施，但前提是得到市内其他三家超市的联合推广。团队再次分别联系玉都广场超市、裕兴超市、信邦超市的负责人，他们希望团队能就一些需要全市超市合作的具体细节与其他超市商量清楚，达成基本合作意向。

　　团队整理汇总与超市谈判的具体问题，并在原有策划的基础上重新拟定了一份针对超市的具体执行策划和面向全市市民的环保袋推广倡议书。在和环保局、工商局确认最终事项后，团队成员分成四个小组，分别专门负责四大超市的后期联系工作和现场调度。四个小组分别前往各自负责的超市，和超市负责人就活动具体时间、志愿者摊位、促销金额、室内环保宣传品布置、倡议书联名公布、环保袋免费派送等问题进行具体的商讨。在细节问题上，每个小组根据实际情况制定符合超市实际情况的安排，不必刻意追求四大超市的同步性。四大超市也采纳了团队的方案，陆续开展以赠送环保袋为名的促销活动，也开始着手室内布置。

　　（5）联系媒体。就信宜市而言，每天更新的信宜市电视台新闻和每周两期免费送达各单位的《信宜新闻》对信宜市群众有着较大的影响力。争取这两家媒体到活动现场采访，在活动结束后报道以求获得更大的影响力，一直都是团队的重要工作。团队成员前往《信宜新闻》主编办公室、信宜市新闻中心，希望此次活动可以得到一定力度的宣传。由于活动已取得信宜团市委、市工商局、市环保局的大力支持，且在全市四大超市的配合下进行，电视台主任随即表示会全力配合我们的活动，追踪报道活动，以达到最广泛、有效的宣传效果。

3. 活动宣传

（1）合作超市的宣传。裕兴、兆康、玉都以及信邦等四大超市陆续在各自卖场通过音响告知顾客"全市环保袋推广日"活动，在此期间，超市将会开展定额购物赠送环保袋的促销活动；粘贴环保宣传标语；在收银台粘贴"全市环保袋推广日"活动通知；在超市出入口粘贴或摆放以公益团队、超市和环保局联名发布的环保袋推广倡议书海报；超市将外围部分商业广告横幅拆下，把本次环境保护公益活动的横幅悬挂在超市外围最显眼处。

（2）宣传车宣讲。宣传车在活动期间环绕全市（特别是靠近四大超市处），通过音响宣读《国务院办公厅关于限制生产销售使用塑料购物袋的通知》，使全市市民了解相关法规。经信宜市城建局同意，团队在市内四处人流量集中的区域悬挂环境保护标语。

（3）当地媒体报道。信宜市电视台和《信宜新闻》以多种方式对本次活动进行宣传报道。

4. 物资与场地准备

团队分成四个小组，分别到四大超市落实物资准备情况：确定了志愿者摊位的布置，确定由各超市提供长桌、电源、音响、宣传横幅、海报（上印倡议书）、展板、签名横幅、油性笔和太阳伞等物资；与各超市经理确认落实超市要有相关人员专门与团队各组活动负责人联系，跟进活动所需场地和物资的准备，保障活动如期顺利举行。推广日活动前一天，团队拿到了信宜市环保局赞助的 4000 份环保袋推广倡议书。

5. 志愿者招募与培训

志愿者主要通过信宜团市委在信宜青年志愿者 QQ 群上发布消息、团队用电话和飞信等方式联系当地的同学好友这两个途径招募。从项目筹备初期至推广日活动前一天，共招募志愿者 42 人。团队成员向志愿者介绍了修订完善的活动方案，也就推广日活动当天各项志愿者注意事项、志愿者礼仪等对志愿者进行培训。

（三）中期实施

"全市环保袋推广日"活动当天上午，各组志愿者就位，布置活动现场，再次检查物资设备。签名台放在超市客流量最大处，写有"齐来热心信宜市公益，大力推广环保袋使用"的签名横幅和超市提供的环保袋放置于上，推广使用环保袋的倡议书展板放在签名台旁边，调试好音响。

下午 1 点左右，活动正式开始。志愿者分为三个小组，第一组在签名台处接受前来购物和围观市民的咨询，指引其在横幅上签名，高音喇叭向市民反复宣传"推广环保布袋，共建绿色家园"以及定额购物免费送环保袋；第二组在超市附近对过往市民派发推广环保袋的倡议书和环境保护知识宣传小册子，口头宣传本次活动，指引市民进超市参与环境保护公益活动；第三组专门负责看管音响设备和活动物资，维持超市内的客流秩序。

下午3点左右，四大超市里的客流量增大，志愿者按原定计划开始派发环保袋。在志愿者的引导下，参与活动的顾客需先后完成在签名横幅上签名、环境保护知识小问答、口号支持环境保护三个小任务，方能得到环保袋。免费环保袋和小任务吸引了很多顾客，所有志愿者的工作均调整为：引导顾客完成小任务、派发环保袋、维持现场秩序。为应对各超市的活动现场一度因签名台处参与人员过多而人声嘈杂、混乱拥挤的情况，团队立即关闭原先的高音宣传音响，降低现场噪音，志愿者及时维护现场秩序，指引顾客有序排队。

下午4点左右，信宜团市委、市环保局等领导亲临四大超市的活动现场，指导团队更好地开展活动。他们担任志愿者，向市民派发宣传资料和环保袋。信宜市电视台和《信宜新闻》记者也前来拍摄报道本次活动，并就此项环境保护公益活动采访了团队负责人。在活动进行到一半时，部分超市就因客流量过大导致环保袋基本派光，为应对这种情况，团队及时与超市负责人讨论商量，最终，部分超市加送一批环保袋以支持活动继续开展。

下午5点左右，四大超市原有的和部分加送的环保袋均派发完毕，"全市环保袋推广日"活动结束。各组志愿者收拾整理现场，四个小组负责人向超市负责人简要汇报情况，并就签名横幅悬挂以及超市环保袋促销后续等事项进行磋商，收集超市反馈信息。

（四）后期总结

1. **收集整理活动资料**

收集、整理活动的所有资料，如派发的宣传传单和小册子复本、现场活动照片、有关单位的表扬信、信宜市电视台和《信宜新闻》的相关活动报道。

2. **后续联系有关单位**

团队将活动情况反馈给信宜市工商局、环保局和团市委等政府部门和四大超市，统一写感谢信表示感谢；继续跟进各超市的环保袋促销活动，收集超市对本次活动的意见和建议；对参与活动的所有志愿者表示感谢，向他们赠送相关活动照片和报道的复本，跟进信宜团市委对本次活动志愿者的志愿服务认证和奖励；等等。

3. **项目评估**

本次活动之所以取得了预期效果，在于团队把握住国家推行"限塑令"的政策形势、结合信宜市环境保护发展迫切需要改变"限塑令"推行现状的需求、较为合理地分析超市对"限塑令"的执行心理和潜在希望改变现状的需求，寻找到各方利益目的的结合点，达成共赢。具体评估此次环境保护公益活动，可以从商业性、公益性、影响力三方面分析。

（1）商业性。四大合作超市希望通过支持本次公益活动，用持续性地推广环保袋、有偿提供塑料袋等举动来提高企业在公众心中的社会形象，树立有社会责任感的口碑，以利于在市场上保持优势。尤其是超市基于三个商业利益最优化的基础，愿意合作开展定额购物免费赠送环保袋活动：一是尽快解决在"限塑令"执行初期购进却因无人问津而积压在仓库的大量环保袋；二是春节销售旺季中，各超市要使出浑身解数应对与其他竞争对手的激烈竞争，用超市积压的环保袋作为促销赠品能降低促销成本，小成本能获得大收益；三是赠送的环保袋能暂时解决前来购物的顾客的燃眉之急，这无形中增加了顾客对超市服务的好感，吸引顾客再次光临。

（2）公益性。团队坚持环境保护公益活动目标，与超市协商，撤下其部分外围商业广告，将环境保护公益横幅悬挂于超市醒目位置。超市门口设置独立的志愿者服务摊位，直面顾客宣传环境保护知识和接受咨询，大大降低了活动的商业性，突出其公益性，当地媒体也重点报道了志愿者摊位，使得公共宣传没有成为四大超市的免费广告。合作超市采纳团队建议，活动签名横幅除在活动当天供大家签名外，活动结束后的几天里仍悬挂在超市显眼处，继续宣传环境保护公益活动。

有关政府部门对本次活动给予了大力支持和强有力的宣传发动，如环保局的宣传车、市内环境保护标语横幅、推广环保袋倡议书、工商局下发给各超市的整改通知书等,也都向市民和超市传递着这样一个信号——有关政府部门会大力推动"限塑令"的落实,大力支持环保袋的推广使用。有关政府部门期待通过第三方发起的公益活动来重塑执法者的形象,同时争取群众对于环境保护事业的理解。

参与公益活动的市民作为公益受惠对象,不仅通过定额购物免费获得环保袋,也加深了对"限塑令"的理解,学习了环境保护知识,强化了自己的环境保护意识。活动达到了公益目的。

(3)影响力。此次"全市环保袋推广日"活动联合信宜市最有影响力的四大超市共同参与,环境保护宣传品、环保袋、志愿者摊位在活动当天吸引了大量客流,扩大了超市的影响力,为今后与他们在推广环保袋方面的合作打下了基础,也会带动信宜市其他超市一起联合贯彻"限塑令"。活动得到当地颇具影响力的《信宜新闻》和信宜市电视台的报道,他们高度评价此次活动对当地环境保护事业的影响力,还特别采访了团队负责人。

二、环保潮州行[①]

(一) 项目背景

自2003年创建"国家园林城市"工作全面开展以来,潮州围绕山水大作"绿"的文章,大力推进园林绿化景观建设,并取得骄人成绩。潮州市创建国家环境保护模范城市工作也于2008年12月全面启动。身为潮州籍学子,为家乡的成就感到无比骄傲与自豪的同时,也十分关注家乡各项事业的发展。正值潮州创建国家环境保护模范城市之际,团队希望通过自身的绵薄之力,为家乡的环境保护事业做一点贡献,通过环境保护宣传,使环境保护意识深入民心,树立"潮州是我家,环保靠大家"的理念,让广大市民支持并加入环境保护队伍,保持与潮州市相关部门的联系和交流,为政府部门的环境保护工作提供可行性建议。

(二) 项目筹备

1. 方案制订

团队根据之前对潮州环境的初步了解,将"环保潮州行"

[①] "环保潮州行"引自中山大学"亚德客"社会公益实践项目报告,项目负责人为黄佳勋,团队成员为谢璧珠、蔡湘銮、丁欢欢、蔡森旭、陈智强、蔡立宇、刘畅、刘泓、辜培钦、章文、杨超等。

分成四个子活动，分别是实地考察、访谈和调研、环保宣传、景点垃圾清理。前两个子活动的成果作为第三个子活动的部分宣传素材，使宣传更贴近当地环境保护现状，更加触发潮州市民对自己生活的环境的反思，宣传教育效果更佳。而第四个子活动则是宣传活动之后，团队与当地义工身体力行地践行环境保护。

2. **团队分工**

为响应中山大学"服务社会，奉献爱心"的号召，怀着对故土的热爱，来自中山大学不同院系的12名潮州籍学子组建了"环保潮州行"团队。团队成员根据活动需要分成资料组、宣传组、活动组、调研组、外联组。资料组负责收集相关资料，包括分类处理垃圾知识、废电池处理常识、环境保护小实验的必备资料、环境保护知识有奖问答的题目、当地环境保护现状；宣传组负责制作宣传活动的海报、横幅和活动采风摄影；活动组负责准备化学实验仪器、购买环境保护知识有奖问答的奖品；调研组负责设计关于环境保护意识的调查问卷、走访当地环境保护部门和高校环境保护专业教授的访谈提纲，以及撰写调研报告；外联组负责联系需要采访的当地嘉宾和义工团体。

3. **资源筹措**

团队联系当地几个大型超市，由于临近春节，商家普遍已无意添加环境保护宣传尤其是"限塑令"相关的计划，团队为此修改活动方案，减少不必要的预算和宣传方式。团队积极联系当地政府有关部门，取得人民广场管理处的大力支持，获得在此开展一天宣传活动的场地使用批准。团队与当地环保、环卫部门联系，取得对方的指导和大力支持。与当地学校联系，筹借到一些简单的化学实验仪器等物资；与电视台媒体沟通联系，阐明"环保潮州行"的目的及已取得的社会资源保障等，得到对方的支持。

4. 问卷设计

作为本次公益活动的序曲，团队希望借助潮州市民环境保护意识调查，更加深入准确地把握家乡人民的环境保护意识及其影响因素，为稍后的活动安排提供更具体的指引，让公益活动更加有针对性，更能取得成效。调查问卷总共设计15道题目，全部采用选择题的形式，分为"潮州市民对环保知识的了解程度""环保意识""践行环保的热情"以及"评价潮州市区环保现状"四个方面，对潮州市民的环境保护意识进行初步调研。

5. 应急预案

（1）团队成员统一听从指挥，在完成分配任务的同时注意安全，特别是实验区的操作人员，既要保证自身的安全，同时也要顾及民众的安全。

（2）如遇到安全事故，由医疗小组进行及时的伤口包扎等医疗帮助，情况严重者，拨打120，送往医院治疗。

(3) 宣传活动和义工活动如遇下雨，则对预期的时间表进行适当的调整，改期举行。

(4) 联系义工团体以及潮州市卫生局、环保局、韩山师范学院时，态度要诚恳谦虚，以确保沟通愉快以及活动的顺利开展。

(5) 义工活动可能任务比较繁重，需要提前与义工团体协商好，视具体情况灵活安排服务时间和人手。

(三) 项目实施

1. **实地考察**

团队走访潮州市区，拍摄潮州实地的环境状况照片，做好相应记录。团队成员初步了解了当地环境保护现状和环境问题。对实地拍摄的照片进行整理和冲洗，选取制作宣传活动所用海报的素材。

2. **访谈和调研**

春节前后，团队访谈了韩山师范学院生物系林教授和潮州市环保局办公室饶主任，深入认识了经济发展与环境保护之间的关系、政府和公民以及科研机构在环境保护中应该发挥的作用，也了解了潮州的环境现状、潮州在环境保护方面采取的措施和取得的成效等。

团队在人流量较大的大润发购物商场门口向过往市民发放问卷500份，回收有效问卷443份，有效率为88.6%，调查对象覆盖各个年龄阶层。通过分析调研问卷,总体来看,潮州市民的环境保护知识、环境保护意识有待提高;年轻人比中老年人的环境保护知识和意识要好得多,中老年人的环境保护知识和意识较薄弱,但这部分人正是当今社会成员的主要组成部分,他们对现在的环境保护事业有着相当大的影响,所以当地环保部门应当加大宣传力度,多开展环境保护活动等。

3. **环保宣传**

活动当天,团队在人民广场进行场地布置,将场地划分为四个活动区:实验区、展示区、问答区、签名区。醒目的宣传大板、有趣的实验,吸引了很多市民前来观看和参与。

在实验区,团队现场演示一些小实验,向市民宣传环境保护小常识。例如,利用硝酸银银离子使鸡蛋清变性产生沉淀的实验,生动直观地讲述了废电池中的重金属离子的危害;用烟花燃烧后的物质使紫色石蕊试纸变红的实验讲述了二氧化硫的危害,提醒大家少燃放烟花爆竹;提供显微镜让市民观察污水,让他们知道污水里面的细菌以及其他物质,提醒市民切勿污染生活用水。

在展示区,陈列了"环保潮州行"团队设计的展板,向市民介绍垃圾分类处理的知识、废电池处理常识、塑料袋的危害、潮州市区现存的环境问题等。

在问答区,团队设计了很多与环境保护常识有关的小问题,市民选择回答,优胜者可以得到团队提供的奖品——环保袋。大家在趣味问答中增长了知识，又推广了环保袋，该区的参与市民络绎不绝。

在签名区，市民们在"环境保护，从我做起"的横幅上签下自己的名字，表明自己对环境保护活动的支持和参与环境保护的决心。

潮州电视台的《民生直播室》和广东电视台新闻频道的《广东报道》对本次活动进行了报道。

4. 景点垃圾清理

团队与当地环境保护公益团体——阳光义工协会合作，召集近百名志愿者，在潮州市牌坊街和滨江长廊进行了以"绿色行动，环保潮州"为主题的环保义工活动，帮助清理乱扔乱堆的垃圾，身体力行倡导环保。该活动得到滨江长廊管理处和过往市民的赞许，一定程度上减少了随手扔垃圾的不良现象。

（四）项目评估

1. 项目特色

活动方式多元化，覆盖广。不仅有形式多样的宣传活动推广环境保护知识，还有义工活动以实际行动提高广大市民的环境保护意识，再以采访活动为有关政府部门提出相关建议以及提供帮助。环境保护宣传活动生动有趣，与以往单调的说教相比有所创新，活动取得圆满成功。活动中，团队与当地环保公益团体结下长期合作意愿，使得这样的综合性环境保护公益活动得以可持续开展。

2. 团队建设

团队成员来自潮州，大家都关心家乡的环境保护事业，通过对家乡的环境保护事业贡献自己的一分力量，激发大家的社会责任感。同时，团队成员来自生态学、生物学、历史学、经济学等不同专业，大家根据各自特长和特点，合理分工，使活动各环节能顺畅开展，成员团结协作，深化了公益精神。通过与商家、当地环保部门、学校等社会单位联系筹备物资，成员的协调沟通能力得到了很好的锻炼。通过开展环境保护公益活动，成员再次加强了对专业知识的学习和应用，加深了对当地环境保护迫切性的认识，增强了专业学习的动力。同时，团队的有效分工和合作精神也保证了活动的顺畅开展。

3. 项目影响力

对于广大市民来说，这次全方位、多角度的宣传活动会对民众的环境保护意识起到强化作用，加深了他们为潮州、为自己而参与环境保护的责任感，贯彻本次活动"潮州是我家，环保靠大家"的理念，为潮州创建国家环境保护模范城市打好群众基础。

对于政府环保部门，团队的宣传、义工、访谈活动能有效发现潮州的环境保护死角，为环保部门的工作开展和环境保护政策执行提出相关建议，以便他们更好地开展环境保护工作。

三、爱心环保纸先行[①]

(一) 活动目的

受国际森林年全球特别行动的启发,肇庆回乡大学生公益团 Max 策划了"爱心环保,纸张先行"环境保护公益活动。旨在通过多种环境保护创意活动,尽大学生之力,向家乡人民宣传环境保护,进一步加强市民的环境保护意识,丰富市民的环境保护知识,使市民关注环境保护细节,从身边的点滴做起,身体力行地支持环境保护事业。

(二) 项目准备

本活动由 Max 团队成员组织,在活动准备阶段,团队分为总负责处、秘书处、外联部、宣传部、志愿部、项目部、执行部和财务部等八大部门,分管不同工作。根据活动需求,前后招募志愿者近 50 人,并进行了培训。本次活动设计了两个子项目,一是现场摆摊宣传环境保护知识,二是赴山区小学捐赠旧书,献爱心的同时循环利用旧书资源。

[①] "爱心环保纸先行"引自中山大学"亚德客"社会公益实践项目报告,项目负责人是吴小靖、赵一灵,团队成员有骆彦妃、赖颖彦、梁中杰、黄怡辛、胡俊、黄哲、陈慧妍、李睿良、莫凯妍、黄庆麟、余慕凤等。

（三）项目实施

1. 现场摆摊活动

元宵节当天，团队在肇庆市中心广场开展现场摆摊活动。活动分为五个摊位，分别是再生纸摊位、环境保护知识问答摊位、环境保护游戏摊位、筷子森林摊位和旧书捐赠与留言摊位。

再生纸摊位上，负责人提供了制作再生纸的材料和用具，还提供了再生纸书签和介绍再生纸制作流程的海报进行展示。环境保护知识问答摊位上，组织人员提供各种问题并分发礼品等。环境保护游戏摊位上，组织人员提供了各种有趣的游戏环节，供人一边娱乐一边了解环境保护知识。筷子森林摊位上，志愿者介绍筷子树，引导市民在叶状卡纸上写下环境保护宣言并贴在筷子树上。在旧书捐赠与留言摊位，志愿者引导市民在留言板上写下给山区小学生的寄语或个人节约纸张与环保的感悟。另外，本次活动设有多个专门的传单回收点，采取定点回收与流动志愿者回收相结合的方式，力求传单得到最高效的利用，为解决"宣传需要与纸张浪费的矛盾"提供典范，结合实际，充分诠释环境保护理念。

2. 赴山区小学捐赠旧书

志愿者将现场摆摊活动收集到的市民捐献的旧书提前分类、整理登记并打包，运到稳裕小学，向小学生们介绍本次活动,分发部分书籍,志愿者和小学生们一起搭建图书角,开展趣味英语义教活动。

(四) 活动亮点

舍弃传统电脑设计打印的便利,采用手绘方式制作传单,并设立多个传单回收点,向市民传递环境保护理念;让市民亲手实践,自主制作再生纸,以创新形式强化了市民的环境保护意识;采用筷子森林的形式吸引大量市民前来围观,收到良好效果;采用游戏的形式,娱乐教育两不误;活动时间地点选择得当,于元宵佳节在人来人往的广场开展宣传,使得参与人数众多;活动侧重推广贴近生活、易于实践的方式,便于市民在日常生活中贯彻环境保护理念。

(五) 项目成效

1. 团队成员成长

对参与的志愿者而言,本次活动给了他们一个"拓荒"的机会,在参与过程中体验到参与公益事业、利用自己所学知识服务家乡的快乐,体现了青年人关心世界、留心身边的责任感和担当精神;同时,本次活动聚焦环境保护,响应了国际森林年的号召,体现出中大学子对全球环境问题的关注,体现出中大学子的行动力、忧患意识和回报社会的意识。

2. 活动影响力大

本次活动各个子项目的创新是对环境保护宣传方式的新尝试。而这些活动的成功，将给以后更多的环境保护宣传活动提供启示，或激发出更多更好的环境保护宣传新思路，从而实现更好地保护环境的目标。

本次活动得到肇庆电视台、《西江日报》、广东省环境保护公众网、肇庆市人民政府网、肇庆市环境保护局网站、肇庆阳光网、肇庆网、肇庆电台 FM92.9 等多家媒体的宣传与报道。

后　记

《实践育人的方法——基于高校学生公益服务视角》（以下简称《实践育人的方法》）是2020年出版的《实践的理路——大学生社会公益12讲》（以下简称《实践的理路》）之姊妹篇。其中，《实践的理路》从理论框架、实践作为、总结深化三大层面对大学生社会公益实践进行论述，为高校学生开展公益志愿服务提供了"知识—价值—行动—内化—外拓"五位一体的系统指导。《实践育人的方法》则以高校学生公益志愿服务为载体，从体系建构和分类实施两大方面对高校如何开展实践育人进行了系统阐释，可以为新时代高校落实劳动教育和实践育人提供有益参考。

《实践育人的方法》一书在编写过程中参阅了国内外有关公益慈善、志愿服务、实践育人等方面的文献资料，并吸收借鉴了其中一些研究成果，引用了政府部门、各类媒体的相关报告及新闻报道，有些可能在参考文献中未能细细列出并一一注明，在此向原作者致以深深的歉意和诚挚的感谢！

本书的出版得到国家社科基金重点项目"治理现代化背景下社区志愿服务发展模式研究"（项目编号 20ASH003）及广东高校实践育人高端论坛专项经费支持，感谢国家社科基金重点项目负责人黄晓星博士及广东省教育厅相关领导老师的指导和帮助。

本书框架和写作体例由钟一彪统筹，第一章由潘云智撰写，第二章由柳翠嫦撰写，第三章由龚婕撰写，第四章由钟一彪、曲翔撰写，第五章、第八章由梁洁瑜撰写，第六章由王帅撰写，第七章由钟一彪撰写，第九章由吴文蔚撰写，第十章由许俊卿撰写，第十一章由冯燕梅撰写，第十二章由殷敏撰写。

感谢一路上指导和帮助我们的各位师友！感谢中山大学出版社，特别感谢编辑赵婷老师的辛勤付出！

对于本书的疏漏和不足之处，恳请各位专家、同行指正。指导意见请发至电子邮箱：zyblai@163.com。

编者

2021 年 2 月于广州中山大学